はじめに

みなさんは、毎日どんな給食《きゅうしょく》を食べていますか？　日本の学校では、みんなで楽しく、おいしい給食を食べることができますね。世界には、給食がないため家に帰ってごはんを食べる国や、クラスの全員が給食を食べない国もあります。日本の給食制度《せいど》はすばらしいと、ほかの国のモデルになることもあります。

世界には、地球温暖化《ちきゅうおんだんか》や大雨、洪水《こうずい》などの異常気象《いじょうきしょう》の問題があります。食べ物が足りず、飢餓《きが》や栄養不足《えいようぶそく》に苦しんでいる人たちもいます。SDGs《エスディージーズ》とは、「Sustainable Development Goals《サスティナブル ディベロップメント ゴールズ》（持続可能《じぞくかのう》な開発目標《もくひょう》）」を略《りゃく》した言葉です。国際連合《こくさいれんごう》に加盟《かめい》する193の国々《くにぐに》が、2030年までにやりとげることをかかげた、世界共通《きょうつう》の17の目標《もくひょう》（ゴール）です。世界中のすべての人がゆたかで平和にくらし続《つづ》けられる社会にするためにつくられました。

この本は、みなさんにとって身近な学校の給食から、SDGs《エスディージーズ》を考えるシリーズです。2巻《かん》「海の幸《さち》の給食」では、全国の海の幸《さち》を使った給食を紹介《しょうかい》します。日本の学校給食では、地域《ちいき》によって、さまざまな海の幸《さち》が使われています。ゆたかな日本の海を知り、みなさんが給食でできるSDGs《エスディージーズ》の取り組みにはどんなことがあるか、考えてみましょう。

女子栄養《じょしえいよう》大学 栄養《えいよう》学部 准教授《じゅんきょうじゅ》
中西《なかにし》 明美《あけみ》

いちばん身近なSDGs

たのしい給食！

海の幸の給食

2

監修
女子栄養大学 栄養学部 准教授
中西 明美

小峰書店

もくじ

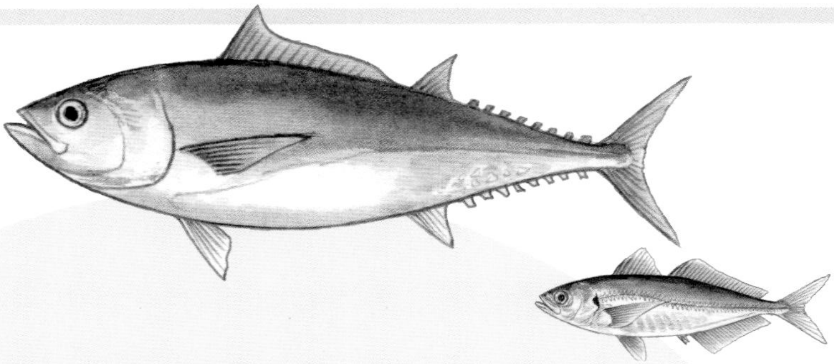

4 日本には海の幸《さち》がもりだくさん！

6 海の幸《さち》とSDGs《エスディージーズ》

8 日本の給食《きゅうしょく》と海の幸《さち》

★★★★★ みんなの５つ星給食を大紹介《だいしょうかい》！ 海の幸《さち》 編《へん》

10 アジ

12 イワシ

14 マグロ

16 サバ

18 サケ

●漁獲量《ぎょかくりょう》・生産量《せいさんりょう》ランキング

令和《れいわ》2年『漁業《ぎょぎょう》・養殖業生産統計《ようしょくぎょうせいさんとうけい》』（農林水産省《のうりんすいさんしょう》）をもとに作図。1〜5位《い》は文字と同じ色でぬり分け、ほか漁《ぎょ》獲《かく》・生産《せいさん》のある都道府県《とどうふけん》を黄色でぬっています。灰色《はいいろ》は、数値《すうち》の公表がないなどの都道府県《とどうふけん》です。

●国内漁獲量《ぎょかくりょう》・生産量《せいさんりょう》の変化《へんか》

『漁業《ぎょぎょう》・養殖業生産統計《ようしょくぎょうせいさんとうけい》』（農林水産省《のうりんすいさんしょう》）をもとに作図。

●輸入《ゆにゅう》・輸出量《ゆしゅつりょう》の変化《へんか》

『農林水産物《のうりんすいさんぶつ》輸出入情報《ゆしゅつにゅうじょうほう》』（農林水産省《のうりんすいさんしょう》）、『貿易統計《ぼうえきとうけい》』（財《ざい》務省《むしょう》）をもとに作図。

20 注目！ 給食に地元の海の幸《さち》をとどけたい！ 気仙沼《けせんぬま》の取り組み

22 アサリ・カキ

24 ワカメ・モズク

26 めずらしい食材《しょくざい》大集合①

28 めずらしい食材《しょくざい》大集合②

30 注目！ 海の幸《さち》が危機《きき》にひんしている！

32 特別《とくべつ》な日の料理《りょうり》①

34 特別《とくべつ》な日の料理《りょうり》②

36 注目！ 海の幸《さち》をもっと食べよう！

38 みんなにもできる！ 海の幸《さち》のSDGs《エスディージーズ》

日本には海の幸《さち》がもりだくさん！

日本は海にかこまれた国

日本は、海にかこまれた島国です。南北に長く海岸線は複雑《ふくざつ》で、沿岸《えんがん》の地形や各地《かくち》の気候《きこう》、水温、海水のこさなど、さまざまなことがから み合って、多様な環境《かんきょう》をつくっています。そして、そこには、多様な生き物がすんでいます。

日本近海にすむ魚は、約《やく》3700種《しゅ》以《い》上《じょう》にものぼります。世界全体の海水魚の種類《しゅるい》は約《やく》1万5000種《しゅ》ですから、その約《やく》４分の１が日本の近くにすんでいるのです。しかも、そのうちの約《やく》1900種《しゅ》は、日本の固有種《こゆうしゅ》です。

海流の集まるよい漁場《ぎょじょう》

日本の近海には、大きな潮《しお》の流れ、海流があります。北から来る寒流の親潮《おやしお》（千島《ちしま》海流）とリマン海流、南から来る暖流《だんりゅう》の黒潮《くろしお》（日本海流）と対馬《つしま》海流の４つで、寒流と暖流《だんりゅう》ではすむ魚がちがいます。

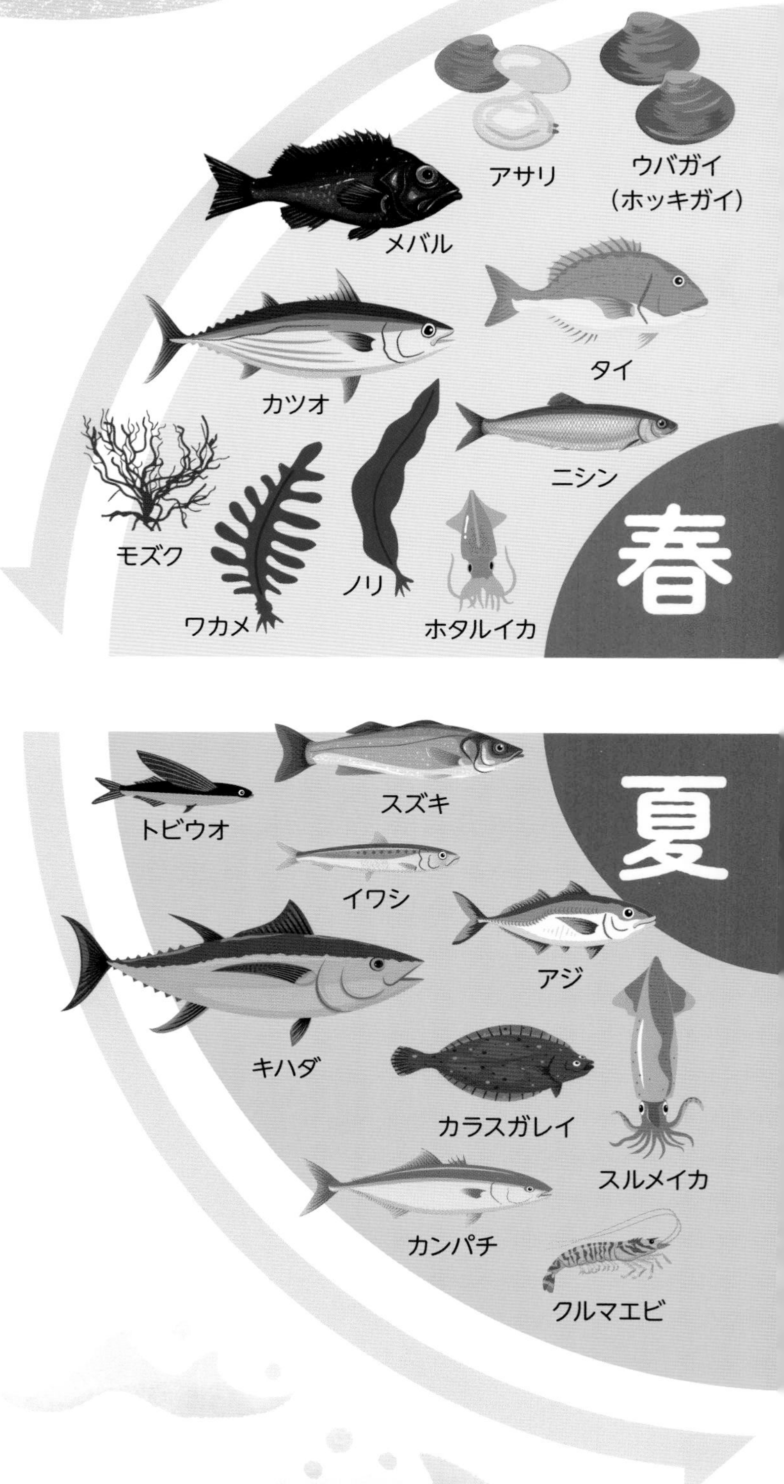

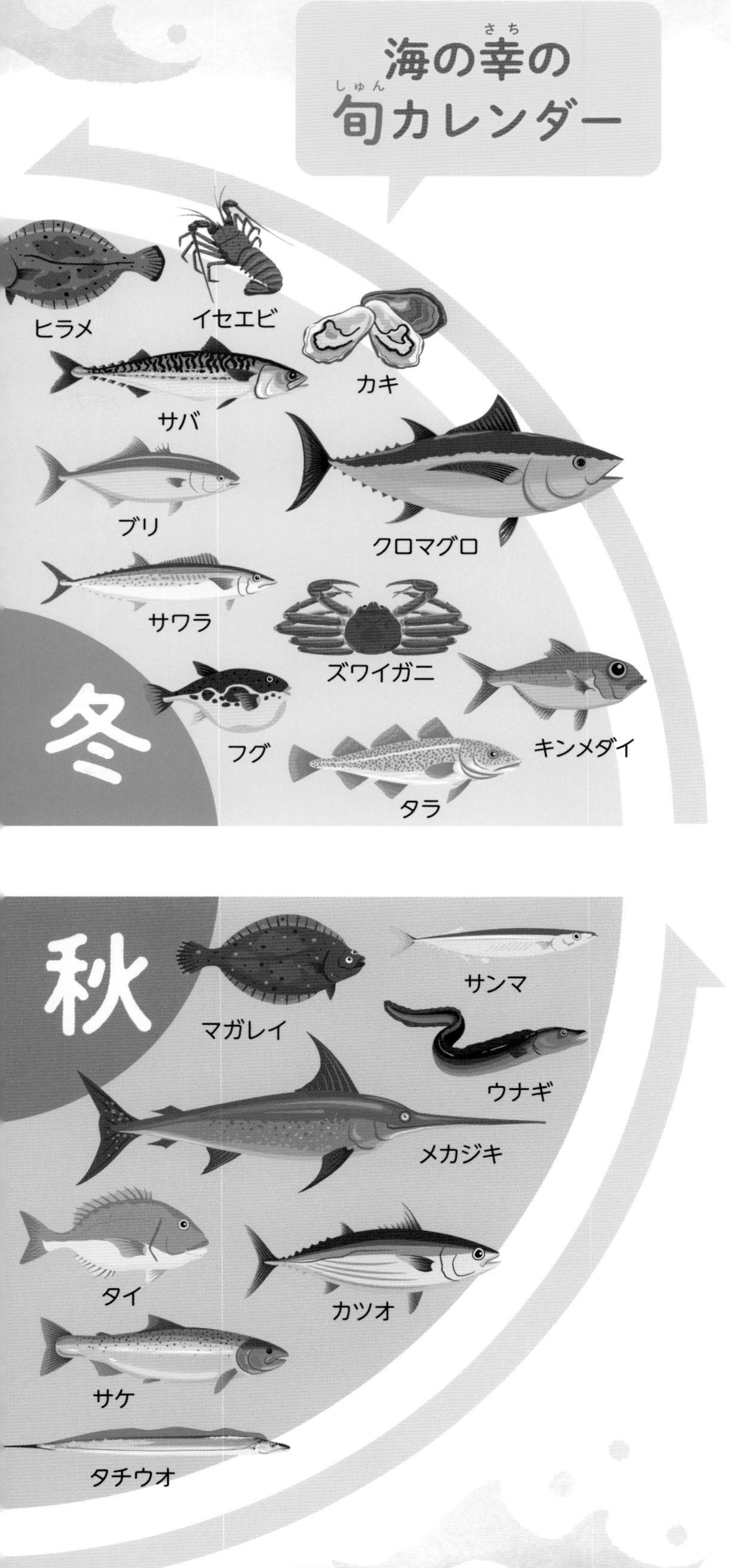

四季《しき》を感じながら味わえる

日本近海では、寒流と暖流《だんりゅう》がちょうどぶつかり合っています。その境目《さかいめ》を潮目《しおめ》といいます。潮目《しおめ》には、寒流や暖流《だんりゅう》に乗ってきた魚が集まるため、日本ではたくさんの種類《しゅるい》の魚がとれるのです。それらはまた、おいしくなる季節《きせつ》がちがいます。おいしくなる時期を旬《しゅん》といい、栄養《えいよう》も高まります。四季《しき》に合わせて栄養豊富《えいようほうふ》でおいしいものを食べられるのが、日本の海の幸《さち》の魅力《みりょく》です。

日本伝統《でんとう》の食文化は、海の幸《さち》に根ざしている

日本の漁業《ぎょぎょう》の歴史《れきし》は古く、約《やく》1万年前の縄文《じょうもん》時代の遺跡《いせき》から、つり針《ばり》などの漁業《ぎょぎょう》の道具や、食べた貝殻《かいがら》、魚の骨《ほね》を集めてすてた跡《あと》が見つかっています。現代《げんだい》でも、お正月のおせち料理《りょうり》をはじめ、七五三や結婚式《けっこんしき》などのお祝《いわ》いの料理《りょうり》には、魚や海藻《かいそう》などの海の幸《さち》が欠《か》かせません。ゆたかな海の幸《さち》は、地域《ちいき》ごとにさまざまな料理《りょうり》を生み出してきました。そして魚の調理法《ちょうりほう》やはしの使い方など、日本独特《どくとく》の食文化を育《はぐく》んできたのです。

海《さち》の幸とSDGs《エスディージーズ》

海にすむさまざまな生き物には、わたしたち人間の活動が影響《えいきょう》します。海にかかわるSDGs《エスディージーズ》を考えるうえで、今どんな問題があって、わたしたちはどんなことに取り組まなければならないのか、一部を紹介《しょうかい》します。

とりすぎない！

海には、さまざまな生き物がすんでいます。それらは、たがいに食べたり食べられたりして生きていますが、人間が食べたい魚だけを大量《たいりょう》にとり続《つづ》けていると、その魚だけがへってしまいます。これを乱獲《らんかく》といいます。世界中で乱獲《らんかく》を続《つづ》けていくと、その魚とかかわっているほかの魚もへり、海の生態系《せいたいけい》がくずれてしまいます。これをふせぐには、とりすぎないことが大事です。

ここがSDGs《エスディージーズ》！

14 海の豊かさを守ろう

17 パートナーシップで目標を達成しよう

乱獲《らんかく》は、日本だけが気をつけていても意味がありません。海はつながっているので、世界の国々《くにぐに》で協力《きょうりょく》することが必要《ひつよう》です。国際会議《こくさいかいぎ》では、まだ大きくなっていない魚はとらないなどの対策《たいさく》を決めています。

海の生き物のつながり「生態系《せいたいけい》」

海では、生き物たちがかかわり合って生きています。そのかかわり全体のことを生態系《せいたいけい》といいます。生態系《せいたいけい》の中には、プランクトンを小魚が食べ、それをより大きい魚などが食べるという食物《しょくもつ》連鎖《れんさ》の関係《かんけい》があります。バランスがとれた生態系《せいたいけい》は、食べられるものの数が食べるものの数より多く、ピラミッドの形になりますが、どこかが異常《いじょう》にふえたりへったりすると、その形がくずれ、生態系《せいたいけい》がこわれてしまうのです。

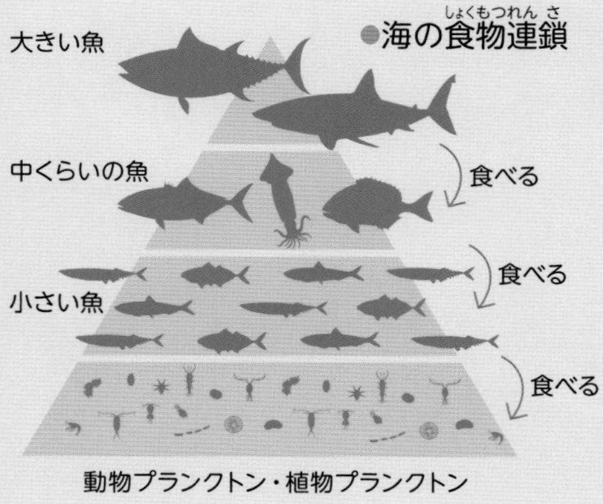

海の環境《かんきょう》を守る！

海のゆたかさを守るには、生き物たちがくらす環境《かんきょう》を守ることが大切です。人間の活動は、自然《しぜん》にも影響《えいきょう》をあたえています。たとえば、わたしたちが出したごみが、自然環境《しぜんかんきょう》をよごすことがあるのです。とくにプラスチックごみが、世界中の海をよごして問題になっています。

ここがSDGs《エスディージーズ》！

2020年にはじまったレジ袋《ぶくろ》の有料化《ゆうりょうか》は、海の環境《かんきょう》を守ることにもつながります。レジ袋《ぶくろ》などのプラスチックごみが海に流れ出て、ウミガメや魚たちが食べて死んでしまうことなどが問題になっています。

町のごみが海へ……

浜辺《はまべ》に集まるたくさんのごみ。日本で出たごみが、外国に流れ着くこともある。

日本の給食と海の幸《さち》

　今、学校給食では、地産地消《ちさんちしょう》の動きが活発になってきています（→20ページ）。地産地消《ちさんちしょう》とは、地元の食材《しょくざい》を積極的《せっきょくてき》に使うことです。その代表が、昔から全国の各地域《かくちいき》で食べられてきた郷土料理《きょうどりょうり》で、給食に登場することもあります。

　現在《げんざい》、給食では、お米を食べる回数をふやすことがすすめられています。それにともない、魚など海の幸《さち》を食べる機会《きかい》もふえてきています。献立《こんだて》には、焼《や》く、煮《に》る、あげるなどさまざまな方法《ほうほう》で調理された海の幸《さち》が登場します。

　海の幸《さち》を食べることは、健康《けんこう》な体づくりに役立ちます。魚の身はたんぱく質《しつ》が豊富《ほうふ》ですし、魚のあぶらには血をきれいにしたり、頭の働《はたら》きをよくしたりする成分《せいぶん》がたっぷりふくまれています。

　せっかくゆたかな海の幸《さち》にめぐまれた日本に住んでいるのですから、おいしく食べて健康《けんこう》になり、伝統《でんとう》の食文化を守っていきたいですね。

みんなの5つ星給食を大紹介《だいしょうかい》！

海の幸《さち》編《へん》

この本では、全国の海の幸《さち》を使った給食を紹介《しょうかい》します。
どれもこれも、5つ星をつけられるほどのおいしさ！
それらの給食には、じつは、**SDGs《エスディージーズ》につながる取り組み**も
たくさんかくれているのです。
さあ、いろいろな地域《ちいき》の給食を見てみましょう！

アジ【鯵】

わたしたちがよく食べるのは「マアジ」という種類《しゅるい》。体長は約《やく》30㎝で、沖縄《おきなわ》をのぞく日本各地《かくち》の海にすんでいます。ほぼ一年中とれますが、おいしくなるのは春から秋ごろ。塩焼《しおや》きやフライ、竜田《たつた》あげなど、さまざまな調理法《ちょうりほう》で給食に登場します。

アジの塩焼《しおや》き ▶ 全国

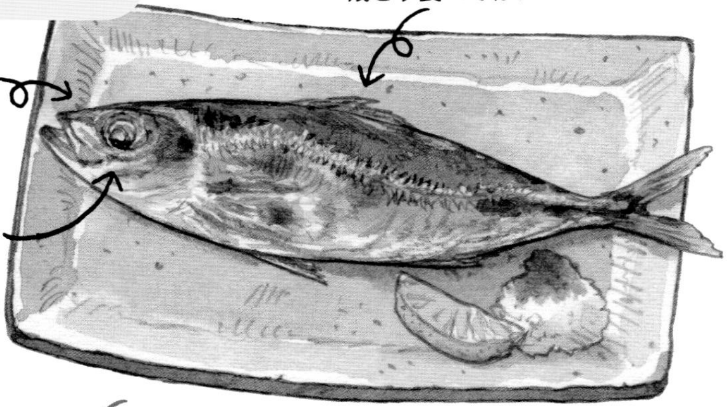

献立《こんだて》の例《れい》

- ごはん
- **アジの塩焼《しおや》き**
- じゃがバターの野菜《やさい》ぞえ
- 青菜《あおな》のごま和《あ》え
- すまし汁《じる》
- 牛乳《ぎゅうにゅう》

写真提供／伊根《いね》町立伊根《いね》小学校（京都府《きょうとふ》）

アジの塩焼《しおや》きなどの焼《や》き魚《ざかな》の多くは、骨《ほね》や頭以外《いがい》の身を食べます。身の部分の重さは全体のおよそ半分で、残《のこ》り半分くらいはすてる部分です。それなのに、まだ食べられる身を残《のこ》してしまうと、食品ロスになってしまいます。細かいところまできれいに食べるようにしたいですね。焼《や》き魚《ざかな》の食べ方は、38ページで紹介《しょうかい》しています。

ここがSDGs《エスディージーズ》！

12 つくる責任 つかう責任
14 海の豊かさを守ろう

＼チェック／

SDGs《エスディージーズ》の取り組み

魚の身を食べつくして食品ロスもふせぐ！

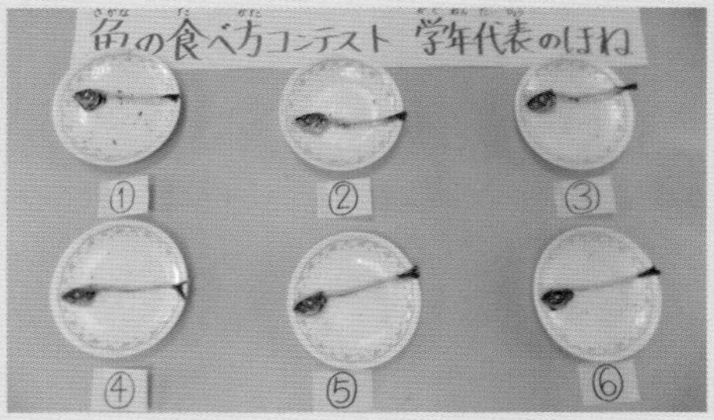

写真提供／伊根町立伊根小学校（京都府）

伊根《いね》小学校で毎年開かれている「魚の食べ方コンテスト」は、学校の伝統《でんとう》行事です。各《かく》学年の代表を選《えら》び、いちばんきれいに食べた人を投票《とうひょう》で選《えら》びます。細かいところの身まできれいに食べることが、命を大切にいただくことにつながります。

●漁獲量《ぎょかくりょう》ランキング

(2020年)

1位《い》　長崎県《ながさき》
2位　島根県《しまね》
3位　宮崎県《みやざき》
4位　鹿児島県《かごしま》
5位　千葉県《ちば》

1位《い》の長崎県《ながさき》では、1年間に約《やく》5万トンのアジ類《るい》がとれます。

●国内漁獲量《ぎょかくりょう》の変化《へんか》

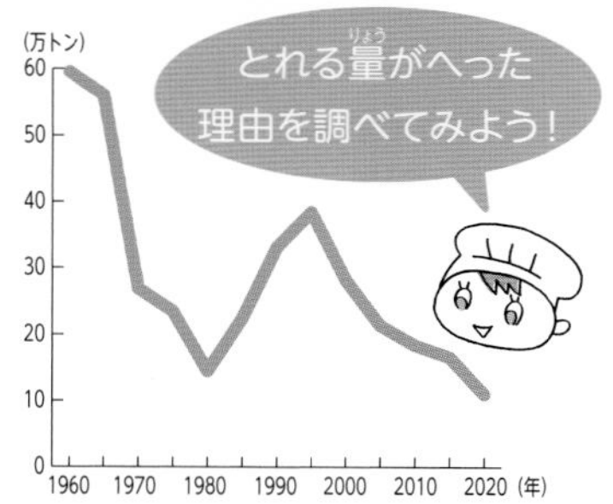

2020年には、1990年代の約《やく》3分の1にへっています。

●輸入量《ゆにゅうりょう》の変化《へんか》

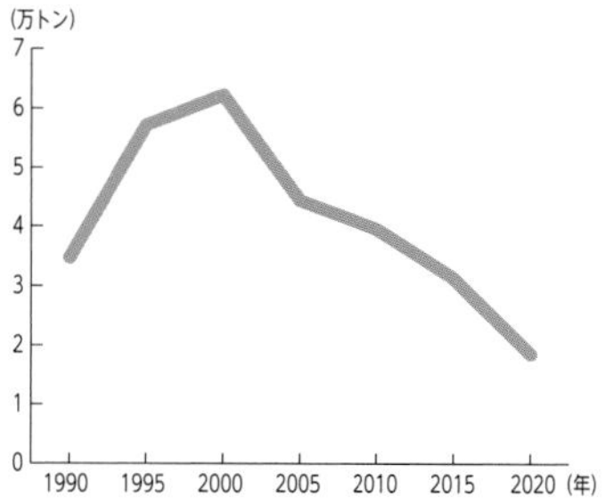

アジは、国内で多くとれるため、輸入《ゆにゅう》は少なく、量《りょう》もへってきています。

アジの干物《ひもの》の素《す》あげ▶静岡県《しずおか》など

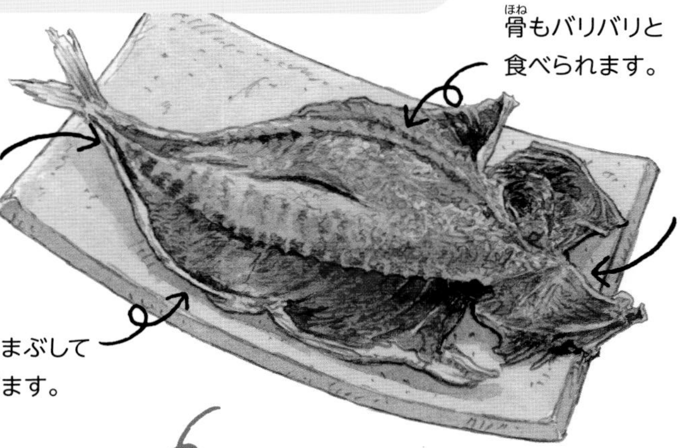

献立《こんだて》の例《れい》

- ごはん
- **アジの干物《ひもの》の素《す》あげ**
- ほうれんそうのごま和《あ》え
- とうふとじゃがいものみそ汁《しる》
- パイナップル
- 牛乳《ぎゅうにゅう》

写真提供／沼津《ぬまづ》市立第二《だいに》小学校（静岡県《しずおか》）

アジ類《るい》の漁獲量《ぎょかくりょう》の1位《い》は長崎県《ながさき》ですが、アジを開いて干《ほ》した「アジの開き」の生産量《せいさんりょう》の1位《い》は静岡《しずおか》県です。アジの干物《ひもの》の素《す》あげは、油であげることで、骨《ほね》まで丸ごと食べられる料理《りょうり》です。アジがこげないくらいの高温であげて、カリッとした食感にしあげるのがおいしさのポイントです。

ここがSDGs《エスディージーズ》！

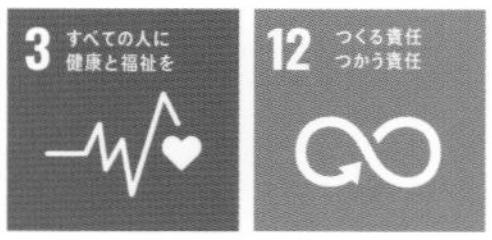

＼チェック／

食材《しょくざい》の取り組み

骨《ほね》まで食べて カルシウムもばっちり！

アジは素《す》あげにすると、骨《ほね》まで食べられます。もともとすてる部分だった骨《ほね》には、カルシウムが豊富《ほうふ》にふくまれているので、食品ロスをふせぎながら、栄養《えいよう》もとれます。なによりおいしいので、静岡県《しずおか》沼津《ぬまづ》市の学校のみんなに大好評《だいこうひょう》です。

イワシ【鰯】

背《せ》が青く、良質《りょうしつ》なあぶらをたくわえている「青魚」のひとつ。値段《ねだん》が安めで、手に入りやすく、各地《かくち》にさまざまな郷土料理《きょうどりょうり》があります。給食にもよく登場しますが、最近《さいきん》はとれる量《りょう》がへったため、値段《ねだん》が上がっています。

つみれ汁《じる》▶全国

献立《こんだて》の例《れい》

写真提供／市川《いちかわ》市立真間《まま》小学校（千葉《ちば》県）

- 麦ごはん
- とりのからあげ
- **イワシのつみれ汁《じる》**
- こまつなのふりかけ
- 牛乳《ぎゅうにゅう》プリン
- 牛乳《ぎゅうにゅう》

　イワシを包丁《ほうちょう》やフードプロセッサーで細かくして、すり身にします。このとき、みそやしょうがを入れると、魚のにおいが苦手な人でも食べやすくなります。スプーンで丸めて、スープに入れて火を通せば、つみれ汁《じる》の完成《かんせい》。骨《ほね》まで丸ごと使うため栄養満点《えいようまんてん》で、食材《しょくざい》もむだにならない料理《りょうり》です。

ここがSDGs《エスディージーズ》！

14 海の豊かさを守ろう

＼チェック／

食材《しょくざい》の取り組み

練《ね》り物《もの》で小魚をむだなく利用《りよう》

写真提供／農林水産省HP「うちの郷土料理」

　つみれのような、魚のすり身が材料《ざいりょう》の料理《りょうり》を「練《ね》り物《もの》」といいます。練《ね》り物《もの》には、各地《かくち》に特色《とくしょく》のある料理《りょうり》があります。写真は、愛媛《えひめ》県のじゃこ天です。ホタルジャコという小さな魚がおもな材料《ざいりょう》です。小さすぎて買い手がつかない魚でも、練《ね》り物《もの》にすればおいしい料理《りょうり》になるのです。

●漁獲量《ぎょかくりょう》ランキング

(2020年)

1位《い》　茨城県《いばらき》
2位　長崎県《ながさき》
3位　宮城県《みやぎ》
4位　鳥取県《とっとり》
5位　三重県《みえ》

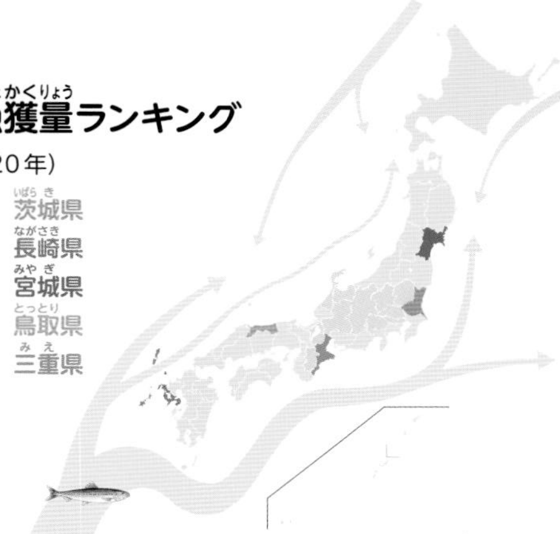

イワシは日本でもっとも漁獲量《ぎょかくりょう》が多く、その約《やく》4分の3がマイワシです。

●国内漁獲量《ぎょかくりょう》の変化《へんか》

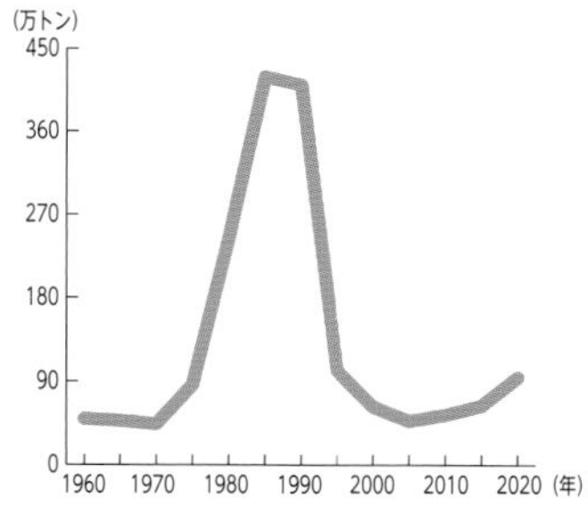

一時期かなりへりましたが、近年また、わずかにふえています。

●輸入《ゆにゅう》・輸出量《ゆしゅつりょう》の変化《へんか》

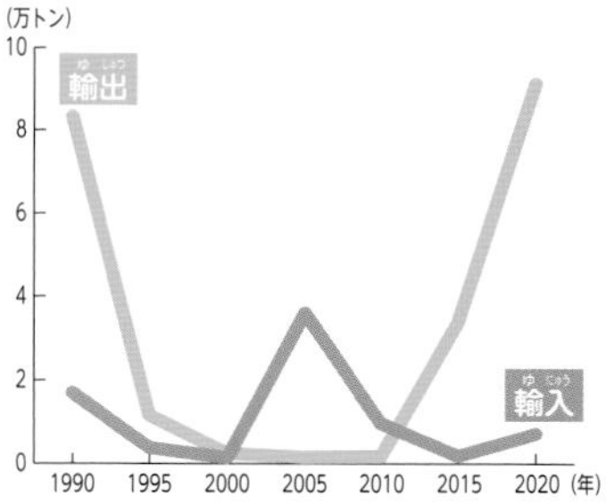

近年では輸入《ゆにゅう》より輸出《ゆしゅつ》がふえています。

パイタ焼《や》き ▶ 茨城県《いばらき》

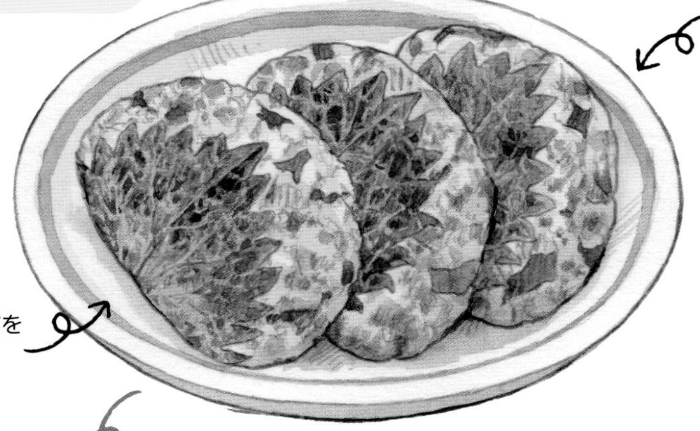

ハンバーグみたいな見た目が特徴《とくちょう》。

味はみそでつけます。

イワシのほか、サンマなどを使うこともあります。

献立《こんだて》の例《れい》

- ごはん
- **パイタ焼《や》き**
- おかか和《あ》え
- もやしたっぷりごまみそ汁《しる》
- 牛乳《ぎゅうにゅう》

写真提供／ひたちなか市立外野《そとの》小学校（茨城県《いばらき》）

パイタ焼《や》きはもともと、茨城県《いばらき》の漁師《りょうし》たちの間で食べられていました。身近にあった、パイタ（船をこぐかい）の上で魚を細かくたたいて焼《や》いたことから名づけられた料理《りょうり》です。とくに、イワシやサンマがたくさんとれた、ひたちなか市那珂湊《なかみなと》地区でよく食べられてきました。

ここがSDGs《エスディージーズ》！

12 つくる責任 つかう責任

14 海の豊かさを守ろう

\チェック/

食材《しょくざい》の取り組み

鮮度《せんど》が落ちてもむだにせず食べる！

さんが焼《や》き

なめろう

茨城県《いばらき》のとなりの千葉県《ちば》には、パイタ焼《や》きとにた、さんが焼《や》きがあります。さんが焼《や》きは、生のイワシやアジでつくる、なめろう（右の写真）を焼《や》いたもの。なめろうがあまって、少し鮮度《せんど》が落ちても、焼《や》けばおいしく食べられます。

マグロ 【鮪】

マグロは、種類《しゅるい》によって値段《ねだん》がことなり、クロマグロやミナミマグロは最高級品《さいこうきゅうひん》、キハダやビンナガはツナ缶《かん》によく使われます。キハダなどが材料《ざいりょう》のツナは、給食でも人気の食材《しょくざい》です。

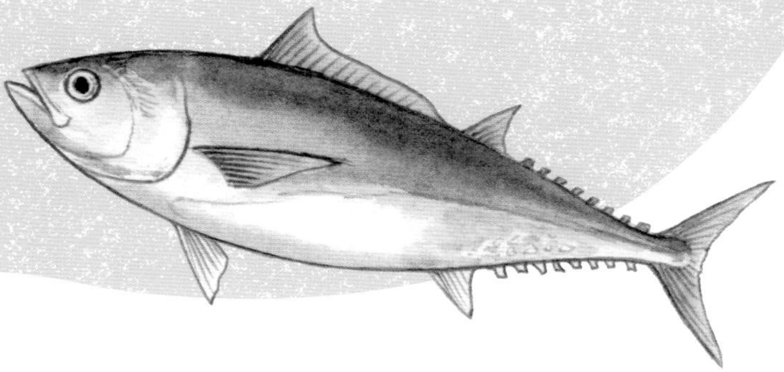

ヒカド ▶ 長崎県《ながさきけん》

献立《こんだて》の例《れい》

- 麦ごはん
- 浦上《うらかみ》そぼろ
- **ヒカド**
- ぽんかん

写真提供／西海《さいかい》学校給食共同《きょうどう》調理場（長崎《ながさき》県）

約《やく》400年前の江戸《えど》時代の初期《しょき》、長崎《ながさき》にいたポルトガル人の宣教師《せんきょうし》や貿易《ぼうえき》にたずさわる人が、自分たちの国の料理《りょうり》である、肉入りのシチューを食べていました。そのシチューをまねて、地元の野菜《やさい》や肉、魚などを使い、長崎独自《ながさきどくじ》の味になったのがヒカドです。ヒカドは、ポルトガル語の「Picado《ピカード》（細かくきざむ）」が変化《へんか》してできた言葉です。

ここがSDGs《エスディージーズ》！

14 海の豊かさを守ろう

＼チェック／

SDGs《エスディージーズ》の取り組み

卵《たまご》から養殖《ようしょく》して資源《しげん》を守る！

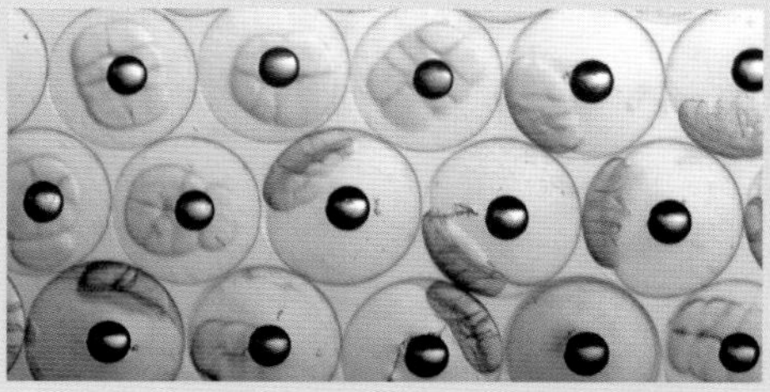

写真提供／近畿大学水産研究所

クロマグロは各国《かっこく》で養殖《ようしょく》されていますが、稚《ち》魚《ぎょ》をつかまえて育てる養殖《ようしょく》では、乱獲《らんかく》を引き起こし、かえって資源《しげん》をへらしてしまいます。近畿《きんき》大学《だいがく》では、2002年に卵《たまご》から育てる完全養殖《かんぜんようしょく》を世界ではじめて実現《じつげん》しました。現在《げんざい》、ほかの水《すい》産会社《さんがいしゃ》も完全養殖《かんぜんようしょく》に取り組んでいます。

●マグロの漁獲量《ぎょかくりょう》ランキング

(2020年)

1位《い》　静岡県《しずおかけん》
2位　宮城県《みやぎけん》
3位　宮崎県《みやざきけん》
4位　高知県《こうちけん》
5位　三重県《みえけん》

マグロ類《るい》ではキハダがもっとも多く、全体の約《やく》3分の1をしめています。

●国内漁獲量《ぎょかくりょう》の変化《へんか》

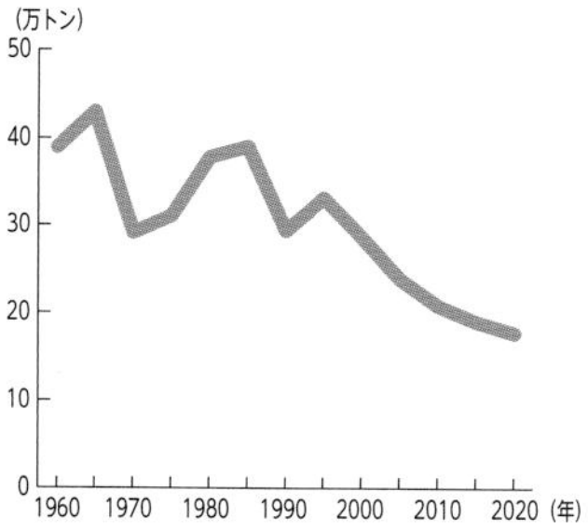

近年、乱獲《らんかく》などさまざまな原因《げんいん》で、とれにくくなっています。

●マグロの輸出《ゆしゅつ》・輸入量《ゆにゅうりょう》の変化《へんか》

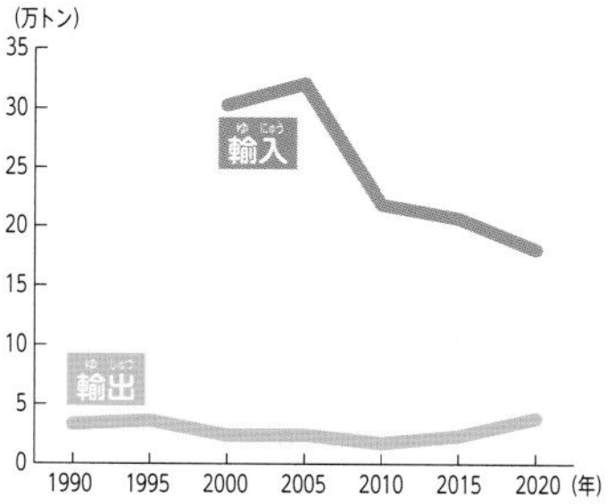

近年では輸入《ゆにゅう》がへり、輸出《ゆしゅつ》の量《りょう》はわずかにふえています。

クロマグロは完全養殖《かんぜんようしょく》の取り組みが進んでいるよ。どんな方法《ほうほう》なのか調べてみよう！

マグロかつ ▶ 神奈川県《かながわけん》

三浦市《みうらし》の三崎漁港《みさきぎょこう》で水あげされたマグロ。

かつの衣《ころも》には、細かくくだいた乾燥《かんそう》大豆フレークを加《くわ》えて栄養《えいよう》をアップ！

あまからいしょうゆのたれがからませてあります。

献立《こんだて》の例《れい》

- マグロのタレかつ丼《どん》
- 塩《しお》いそ和《あ》え
- 具だくさんのみそ汁《しる》
- みかん
- 牛乳《ぎゅうにゅう》

写真提供／横須賀《よこすか》市立池上《いけがみ》小学校（神奈川県《かながわけん》）

神奈川県《かながわけん》三浦市《みうらし》の三崎漁港《みさきぎょこう》は、マグロやカジキの水あげで有名な港です。市全体で産業《さんぎょう》を応援《おうえん》しており、地域《ちいき》の特産物《とくさんぶつ》であるマグロやカジキを給食で食べることには、そのおいしさを知り、地域《ちいき》を好《す》きになってほしいという思いがこめられています。となりの横須賀《よこすか》市などの、近くの市町村にもマグロがとどけられ、給食に使われています。

ここがSDGs《エスディージーズ》！

＼チェック／

SDGs《エスディージーズ》の取り組み

マグロかつで地元をもり上げよう

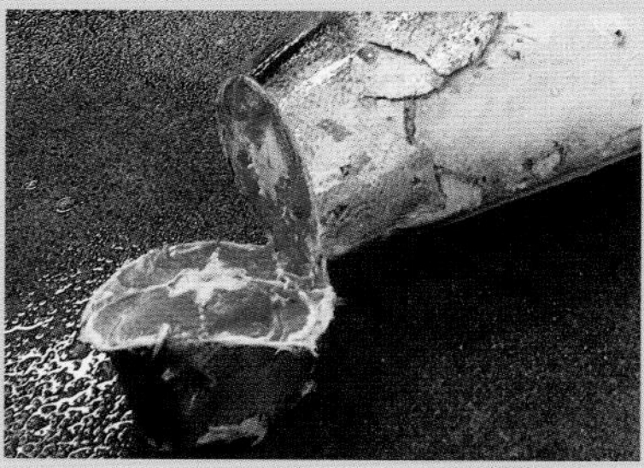

三崎漁港《みさきぎょこう》のマグロのおいしさを多くの人に知ってもらおうと、町の人たちが考えたのが「まぐろソースかつ丼《どん》」です。すてられることも多い尾《お》の身（上の写真）をかつにします。安くておいしいので、観光客《かんこうきゃく》にも人気です。

サバ【鯖】

サバは、日本の食文化に欠《か》かせない魚で、塩焼《しおや》きやみそ煮《に》、酢《す》につけたしめサバ、乾燥《かんそう》させたサバ節《ぶし》など、さまざまな調理方法《ほうほう》があります。定番料理《りょうり》のみそ煮《に》は、家庭でも学校でも人気の献立《こんだて》です。

サバサンド▶
愛知県《あいちけん》

レモン汁《じる》をかけると、さっぱりします。

本場のトルコではフランスパンではさみます。

玉ねぎやレタスなどの野菜《やさい》といっしょにはさみます。

香《こう》ばしくあげたり焼《や》いたりしたサバ。

献立《こんだて》の例《れい》

- **サバサンド（サンドイッチバンズパン、サバのレモンソースかけ）**
- ひよこ豆のトマト煮《に》
- にんじんのヨーグルトサラダ
- 牛乳《ぎゅうにゅう》

写真提供／東海《とうかい》市教育委員会《いいんかい》（愛知《あいち》県）

愛知《あいち》県東海《とうかい》市は、トルコのブルサ市ニルフェル区と「姉妹都市」です。2005（平成《へいせい》17）年の愛知万《あいちばん》博《ぱく》（国際博覧会《こくさいはくらんかい》）をきっかけに、姉妹都市になりました。そのつながりで、市内の小学校では、トルコの屋台料理《りょうり》のサバサンドが給食に登場します。上の給食では、トルコの家庭でよく食べられるひよこ豆のトマト煮《に》など、ほかの料理《りょうり》も楽しみました。

ここがSDGs《エスディージーズ》!

17 パートナーシップで目標を達成しよう

＼チェック／

SDGs《エスディージーズ》の取り組み

給食で外国の食文化を知ろう

姉妹都市とは、外国の都市と文化的《ぶんかてき》な交流やたがいを知ることを目的《もくてき》として、つながりを持つことです。東海《とうかい》市とトルコのブルサ市ニルフェル区（上の写真）は、スポーツ大会などで交流を深めています。食文化を知ることは、その地域《ちいき》への理解《りかい》を深めるうえで大切なことです。

●漁獲量《ぎょかくりょう》ランキング

（2020年）

1位《い》　茨城県《いばらき》
2位　長崎県《ながさき》
3位　静岡県《しずおか》
4位　三重県《みえ》
5位　宮崎県《みやざき》

サバは季節《きせつ》によって移動《いどう》する回遊魚なので、おもに夏は北、冬は南でとれます。

●国内漁獲量《ぎょかくりょう》の変化《へんか》

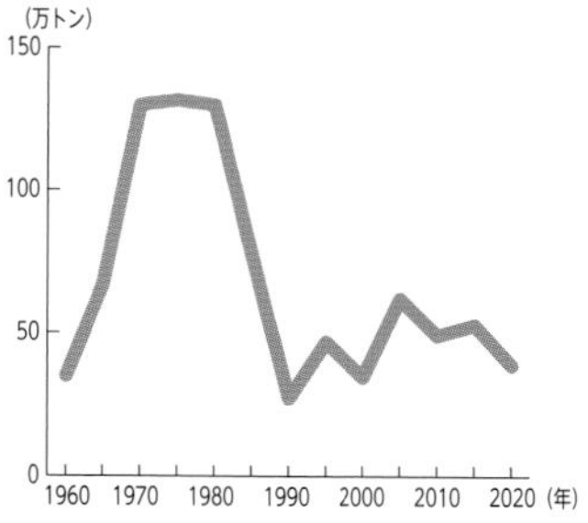

一時期ほどの豊漁《ほうりょう》はなく、近年ではだいぶへっています。

●輸入《ゆにゅう》・輸出量《ゆしゅつりょう》の変化《へんか》

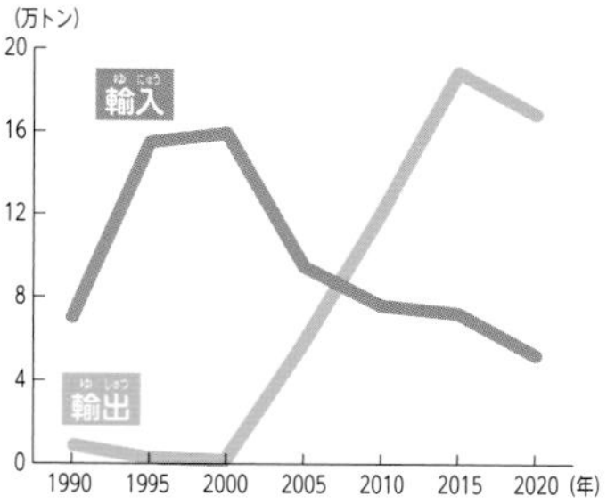

近年消費量《しょうひりょう》がへっていることで、輸入量《ゆにゅうりょう》もへっています。

ほとんどノルウェーから輸入《ゆにゅう》しているよ。

ねこめし ▶ 岡山県《おかやま》

季節《きせつ》や家庭によって入る具が変《か》わります。

しょうゆ味に煮《に》た野菜《やさい》のほか、きのこやヒジキなどが入ることもあります。

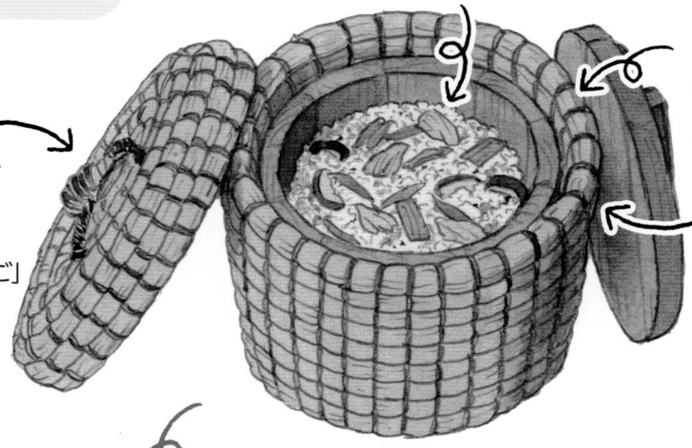

今はほとんど見かけない、ごはんが冷《さ》めないようにする、わらのかご。地域《ちいき》によって「ねこ」「ふご」「わらいずみ」などさまざまなよび名がありました。

サバのほぐし身が入っています。

献立《こんだて》の例《れい》

写真提供／備前《びぜん》市伊里《いり》共同《きょうどう》調理場（岡山《おかやま》県）

- 神根《こうね》ねこめし
- モロヘイヤのすまし汁《じる》
- ひらつくね
- あこうみかんゼリー
- 牛乳《ぎゅうにゅう》

備前焼《びぜんやき》の食器《しょっき》にもりつけられているよ！

ねこめしは、備前《びぜん》市の神根《こうね》地区に伝《つた》わるまぜごはんで、サバと季節《きせつ》の野菜《やさい》を使うのが特徴《とくちょう》です。「ねこ」とは、おひつ（ごはんの保存容器《ほぞんようき》）を入れるわらかごの、この地域《ちいき》のよび名です。朝たいたごはんを「ねこ」に入れておけば、夜まで温かくたもてたそうです。

ここがSDGs《エスディージーズ》！

＼チェック／

SDGs《エスディージーズ》の取り組み

忘《わす》れられそうな郷土料理《きょうどりょうり》が給食に！

写真提供／備前市吉永町神根本区

里山にある神根《こうね》地区（上の写真）のねこめしは、小学生が地域《ちいき》学習で取り上げたことから、給食に出るようになりました。郷土料理《きょうどりょうり》の中には、今はあまり食べなくなったものもあり、ねこめしもそのひとつでした。みんなの地域《ちいき》にも、そのような郷土料理《きょうどりょうり》があるか、さがしてみましょう。

サケ【鮭】

川で生まれて海へ出て、海流に乗って泳ぎ回り、秋になると、生まれた川にもどって産卵《さんらん》します。世界でもっとも食べられている魚のひとつ。調理方法《ほうほう》が豊富《ほうふ》で、給食でも和食、洋食などさまざまな料理《りょうり》で登場します。

三平汁《さんぺいじる》▶北海道《ほっかいどう》

だいこん、にんじん、長ねぎ、じゃがいもなどの野菜《やさい》を入れます。

塩漬《しおづ》けにしたサケを使います。

コンブの出汁《だし》と塩《しお》が味の決め手。

北海道《ほっかいどう》の北のほうでは塩《しお》ダラを使うこともあります。

献立《こんだて》の例《れい》

- ごはん
- 三平汁《さんぺいじる》
- こまつなのナムル
- りんご
- 牛乳《ぎゅうにゅう》

写真提供／厚沢部町《あっさぶちょう》総合《そうごう》給食センター（北海道《ほっかいどう》）

　北海道《ほっかいどう》では昔からサケ漁《りょう》がさかんで、現在《げんざい》も漁獲《ぎょかく》量《りょう》は日本一です。生まれた川へもどるため日本近海にやってきたサケを網《あみ》でとります。そのサケを使った、北海道《ほっかいどう》の代表的《だいひょうてき》な郷土料理《きょうどりょうり》が三平汁《さんぺいじる》です。おもに塩漬《しおづ》けのサケを使います。ほかにも北海道《ほっかいどう》では、生のサケを使い、みそで味をつけた石狩《いしかり》なべなども有名で、給食にも登場します。

ここがSDGs《エスディージーズ》！

14 海の豊かさを守ろう

＼チェック／

SDGs《エスディージーズ》の取り組み

見直されるサケの自然産卵《しぜんさんらん》

　北海道《ほっかいどう》ではサケをふやすため、1900年ごろから川でつかまえて卵《たまご》をとり、ふ化させてきました。しかし、つかまったサケからとった卵《たまご》はふ化しにくいため、近年は自然《しぜん》に近い環境《かんきょう》で産卵《さんらん》させる方法《ほうほう》が注目されています。自然《しぜん》に産卵《さんらん》したサケの卵《たまご》からは、多くの稚魚《ちぎょ》が元気に育つそうです。

●漁獲量《ぎょかくりょう》ランキング

（2020年）

1位《い》　北海道《ほっかいどう》
2位　青森《あおもり》県
3位　岩手《いわて》県
4位　宮城《みやぎ》県
5位　秋田《あきた》県

サケはおもに北のほうでとれる魚です。

●国内漁獲量《ぎょかくりょう》の変化《へんか》

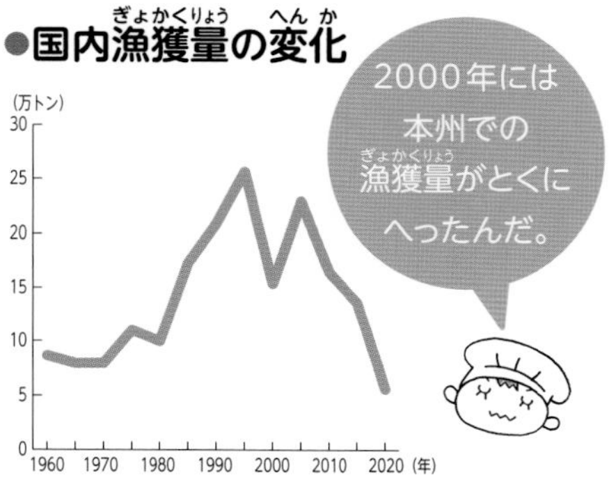

地球温暖化《ちきゅうおんだんか》で海水温が上がり、日本でとれにくくなっています。

●輸入量《ゆにゅうりょう》（※マスをふくむ）の変化《へんか》

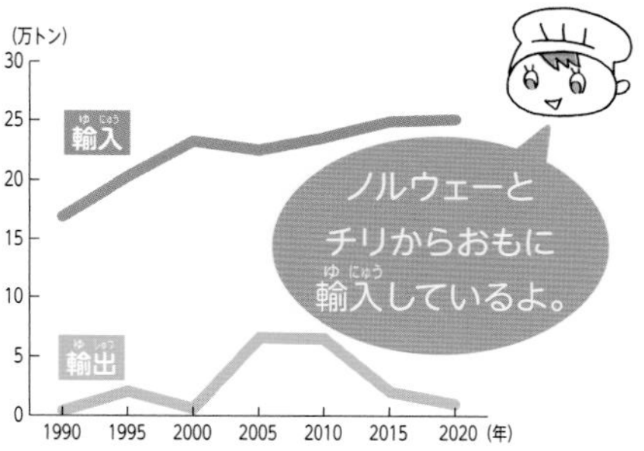

すしなどでも人気が高まり、輸入《ゆにゅう》量《りょう》がふえています。

かす汁《じる》▶奈良《なら》県・京都府《きょうとふ》・大阪府《おおさかふ》・兵庫《ひょうご》県など

サケのほか、だいこん、にんじん、こんにゃく、油あげなどが入ります。

日本酒をつくるときにできる酒かすが入っています。

酒かすには、たんぱく質《しつ》やビタミン、ミネラルが豊富《ほうふ》。

献立《こんだて》の例《れい》

- ワカメ麦ごはん
- **かす汁《じる》**
- ニシンの甘露煮《かんろに》
- おひたし
- 牛乳《ぎゅうにゅう》

写真提供／奈良《なら》市立朱雀《すざく》小学校（奈良《なら》県）

　酒かすは日本酒をつくるときにできるしぼりかすですが、すてることなく食材《しょくざい》として利用《りよう》してきました。酒かすをといて、具といっしょに煮《に》たかす汁《じる》は、日本酒をつくる酒蔵《さかぐら》が多い近畿《きんき》地方や、酒《さか》蔵《ぐら》に働《はたら》きに来ていた人の地元でよく食べられてきました。酒かすは香《かお》りや風味がよいので、魚や肉、野菜《やさい》などをつけこんで使うこともあります。

ここがSDGs《エスディージーズ》！

12 つくる責任 つかう責任
14 海の豊かさを守ろう

＼チェック／

食材《しょくざい》の取り組み

かす汁《じる》で魚を骨《ほね》まで食べきる

　昔は正月に、塩漬《しおづ》けにして干《ほ》した新巻《あらまき》ザケを1匹《ぴき》買って、毎日少しずつ食べました。身を食べつくして残《のこ》った頭や骨《ほね》もすてません。かす汁《じる》などで煮《に》こめば、よい出汁《だし》が出るからです。現《げん》在《ざい》は頭や骨《ほね》まで使うことはへりましたが、もともとはそうやってむだなく食べていたのです。

注目！

給食に地元の海の幸《さち》をとどけたい！

気仙沼《けせんぬま》の取り組み

気仙沼《けせんぬま》の魚を学校給食に普及《ふきゅう》させる会の代表、臼井壯太朗《うすいそうたろう》さん。マグロの遠洋漁業《ぎょぎょう》の会社「臼福《うすふく》本店」の社長です。

サンマ、カツオ、マグロ、カジキ、サメなどさまざまな魚がとれる、宮城《みやぎ》県の気仙沼漁港《けせんぬまぎょこう》。ここでは、地元の漁業《ぎょぎょう》にかかわる人たちが集まって、「気仙沼《けせんぬま》の魚を学校給食に広めよう！」と活動しています。その代表をしている、臼井壯太朗《うすいそうたろう》さんに話を聞きました。

どんなことをしているの？

わたしたちは、気仙沼《けせんぬま》でとれた魚などのたくさんのおいしい食材《しょくざい》を、学校のみんなにもっと食べてもらいたいと思っています。そのために有名なシェフにお願《ねが》いして、給食で出しやすい献立《こんだて》を考えていただきました。これまでにメカジキのメンチカツや、マグロのベニエ（洋風の天ぷら）などを給食で食べてもらっています。

また漁師《りょうし》や養殖業者《ようしょくぎょうしゃ》の人たちにお願《ねが》いして、学校で漁業《ぎょぎょう》についての授業《じゅぎょう》をしてもらう活動もしています。実際《じっさい》に働《はたら》いている人の話を聞いて、漁業《ぎょぎょう》のすばらしさを知ってほしいと思っています。

学校で授業《じゅぎょう》をする漁師《りょうし》の小野寺庄一《おのでらしょういち》さん。漁《りょう》のたいへんさや、おもしろさをみんなに伝《つた》えてくれています。手に持っている長い棒《ぼう》は、漁《りょう》で使うもり。メカジキに投げてつかまえます。

はじめて給食の献立《こんだて》に取り入れられた、メカジキのメンチカツ（左）とマグロのベニエ（右）。

どうして給食で魚を食べてほしいの？

そう思ったきっかけは、2011年の東日本大《ひがしにほんだい》震災《しんさい》です。あのときは食べ物がなく、本当にこまりました。「衣食住《いしょくじゅう》の中でいちばん大切なのは食だ！」と強く思いましたね。沿岸《えんがん》が落ち着くまでは漁《りょう》もできず、食べ物をみんなにとどけることもできません。改《あらた》めて、食をささえる産《さん》業《ぎょう》の大切さに気づいたのです。

気仙沼《けせんぬま》の漁業《ぎょぎょう》を守っていくには、将来《しょうらい》、自分も漁業《ぎょぎょう》にかかわりたいと思う子がふえてほしいと思っています。地元の魚を給食で食べて、「こんなにおいしい魚が気仙沼《けせんぬま》にはあるんだ！」と、その魅力《みりょく》に気づいてほしいです。

魚を通して、みんなに伝《つた》えたいことは？

日本では、漁業《ぎょぎょう》や農業など、食をささえる仕事につく人がどんどんへり続《つづ》けています。国内での漁獲量《ぎょかくりょう》や生産量《せいさんりょう》がへると、外国からの輸入《ゆにゅう》をふやさなければなりません。海外の食料《しょくりょう》にたよる割合《わりあい》が高いと、震災《しんさい》や感染症《かんせんしょう》の流行、戦争《せんそう》などが起きたときに、食べ物が値上《ねあ》がりしたり、手に入らなくなったりするかもしれません。

日本は、海にかこまれていて、緑もゆたかで、本来、食べ物をつくる力のある国です。日本の食を守っていくためにも、国産《こくさん》の食べ物を食べて、生産者《せいさんしゃ》たちを応援《おうえん》してほしいと思います。

写真提供／臼福本店・気仙沼の魚を学校給食に普及させる会

アサリ・カキ【浅蜊・牡蠣】

アサリは干潟《ひがた》などにすみ、春に身が大きくおいしくなります。地域《ちいき》によって、もようがちがいます。カキは、良質《りょうしつ》のたんぱく質《しつ》が豊富《ほうふ》で「海のミルク」といわれます。寒い時期が旬《しゅん》です。給食では、貝殻《かいがら》などが入らないように、衛生的《えいせいてき》な工場で加工《かこう》したむき身を使います。

深川《ふかがわ》めし ▶ 東京《とうきょう》都

献立《こんだて》の例《れい》

- 深川《ふかがわ》めし
- シシャモのいそべあげ
- ごま入りおひたし
- 豚汁《とんじる》
- 牛乳《ぎゅうにゅう》

写真提供／江東《こうとう》区立深川《ふかがわ》小学校（東京《とうきょう》都）

東京《とうきょう》都江東《こうとう》区に深川《ふかがわ》という場所があります。うめ立て地である深川一帯《ふかがわいったい》にはかつて干潟《ひがた》があり、アサリがたくさんとれました。漁師《りょうし》たちがアサリの身を煮《に》て、汁《しる》ごとごはんにかけて食べたのが、深川《ふかがわ》めしのはじまりといわれています。米といっしょにたきこむ調理方法《ほうほう》もあり、どちらも人気です。

ここがSDGs《エスディージーズ》！

14 海の豊かさを守ろう

＼チェック／

SDGs《エスディージーズ》の取り組み

海をきれいにする 干潟《ひがた》の役割《やくわり》

アサリをはじめとする貝やカニなど、干潟《ひがた》にすむ生き物は、水のよごれを取りのぞいたり、生き物の死がいをそうじしたりして、きれいにしてくれています。きれいな海を守るためには、干《ひ》潟《がた》の環境《かんきょう》を守ることも大事です。

●アサリの漁獲量《ぎょかくりょう》ランキング

（2020年）

1位《い》　愛知県《あいち》
2位　北海道《ほっかいどう》
3位　静岡県《しずおか》
4位　福岡県《ふくおか》
5位　長崎県《ながさき》

アサリは、海流とは関係《かんけい》なく、全国の沿岸《えんがん》にすんでいます。

●国内漁獲量《ぎょかくりょう》の変化《へんか》

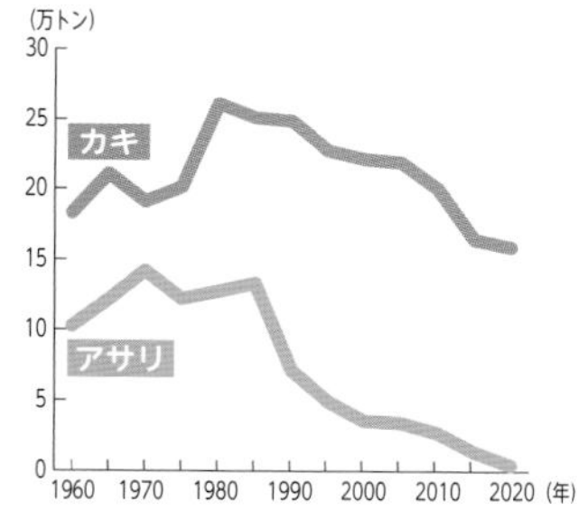

アサリは、干潟《ひがた》がなくなるなどの環《かん》境変化《きょうへんか》によりひどくへっています。

●アサリの輸入量《ゆにゅうりょう》の変化《へんか》

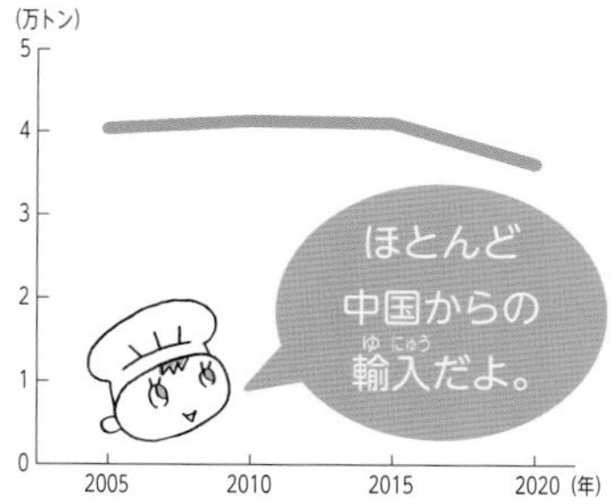

近年はだいたい４万トンくらいの一定の量《りょう》を輸入《ゆにゅう》しています。

カキめし ▶ 広島県《ひろしま》

冬のカキは、うまみがましておいしい！

カキには、体を元気にする栄養《えいよう》が豊富《ほうふ》です。

カキを煮《に》た出汁《だし》がしみたごはん。

献立《こんだて》の例《れい》

写真提供／宮島《みやじま》学校給食センター（広島県《ひろしま》）

- **カキごはん**
- 松風焼《まつかぜや》き
- ゆでキャベツ
- とうふ汁《じる》
- 牛乳《ぎゅうにゅう》

世界遺産《いさん》の厳島《いつくしま》神社がある広島《ひろしま》県廿日市《はつかいち》市は、カキの名産地《めいさんち》です。近くにはゆたかな森が生いしげり、山にふった雨がゆっくり土にしみて地下水となり、川となって海に流れます。そうして土の栄養《えいよう》が海に運ばれ、その栄養《えいよう》で育つカキがおいしくなるのです。郷土料理《きょうどりょうり》のカキめしは、地元の小学校の献立《こんだて》では、カキごはんとよんでいます。

ここがSDGs《エスディージーズ》！

＼チェック／

SDGs《エスディージーズ》の取り組み

海を取りまくすべての環境《かんきょう》を守る！

写真提供／農林水産省webマガジン『aff』2022年2月号

カキの養殖《ようしょく》をしている廿日市《はつかいち》市の地御前漁業《じごぜんぎょぎょう》協同組合《きょうどうくみあい》では、海底《かいてい》をたがやしてカキのふんなどのヘドロが原因《げんいん》でできるガスをおさえたり、山に木を植えたり（上の写真）して、長年、海を取りまく環境《かんきょう》を守っています。ゆたかな環境《かんきょう》があってこそ、おいしいカキが育ちます。

ワカメ・モズク【若布・水雲】

ワカメやモズクなどの海藻《かいそう》は、古くから食べられていて、日本人の食生活には欠《か》かせない食材《しょくざい》です。ほぼ全国で収穫《しゅうかく》することができます。ミネラルや食物繊維《せんい》が豊富《ほうふ》で体の調子を整えてくれるので、給食で汁物《しるもの》のほか、煮物《にもの》、炒《いた》め物《もの》などでたびたび登場します。

ワカメごはん ▶ 岩手県《いわて》・宮城県《みやぎ》・徳島県《とくしま》ほか全国

ワカメには、カルシウムなどのミネラルがたっぷり。

ほどよい塩味《しおあじ》で、大人気の献立《こんだて》のひとつです。

三陸《さんりく》（岩手県《いわて》や宮城県《みやぎ》）、鳴門《なると》（徳島県《とくしま》）、五島《ごとう》（長崎県《ながさき》）など、全国に名産地《めいさんち》があります。

献立《こんだて》の例《れい》

- **ワカメごはん**
- 厚《あつ》焼《や》き卵《たまご》
- たけのこのうま煮《に》
- じゃがいもと玉ねぎのみそ汁《しる》
- 河内晩柑《かわちばんかん》
- 牛乳《ぎゅうにゅう》

写真提供／奥州《おうしゅう》市立胆沢《いさわ》学校給食センター（岩手県《いわて》）

やさしい塩味《しおあじ》で、いろどりがよいワカメごはんは、昔から給食で人気の献立《こんだて》です。おいしいだけでなく、不足《ふそく》しがちなミネラルを手軽にとれる点でもすぐれています。ワカメごはんは、今でこそ全国的《ぜんこくてき》に食べられていますが、岩手県《いわて》をはじめ、海ぞいのワカメの産地《さんち》の伝統料理《でんとうりょうり》でもあります。

ここがSDGs《エスディージーズ》！

14 海の豊かさを守ろう

＼チェック／

SDGs《エスディージーズ》の取り組み

外国でめいわくにならないために

貨物船《かもつせん》は荷物を積《つ》んでいないとき、船の重さを調整するために海水を利用《りよう》します。日本でワカメの胞子《ほうし》をふくむ海水を取りこんだ船が、行き先でその水を放出することで、外国でワカメがふえて生態系《せいたいけい》に影響《えいきょう》をあたえています。そこで2017年から、国際条約《こくさいじょうやく》で放出する海水をきれいにするように規制《きせい》しています。

●ワカメの
生産量《せいさんりょう》ランキング

（2020年）

1位《い》　宮城《みやぎ》県
2位　岩手《いわて》県
3位　徳島《とくしま》県
4位　兵庫《ひょうご》県
5位　長崎《ながさき》県

ワカメはほぼ全国に生息していますが、大規模《だいきぼ》に養殖《ようしょく》しているところが、ランキングの上位《じょうい》です。

●国内生産量《せいさんりょう》の変化《へんか》

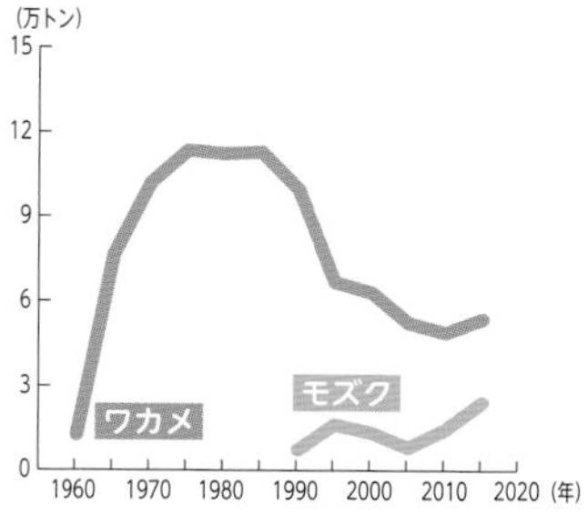

ワカメは、必要《ひつよう》とされる量《りょう》を安定して育てています。

●ワカメの輸入量《ゆにゅうりょう》の変化《へんか》

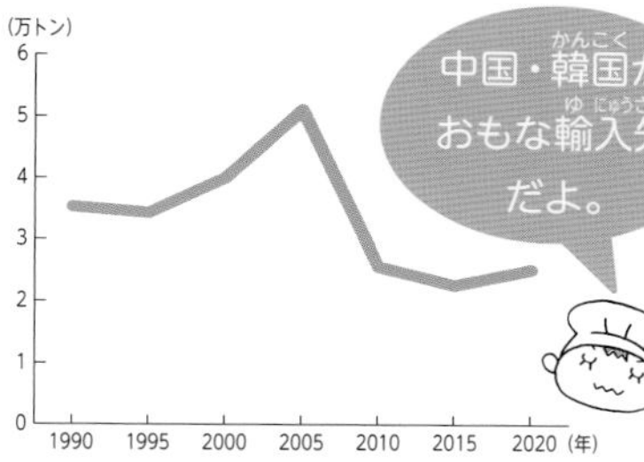

輸入先《ゆにゅうさき》の中国では消費《しょうひ》がふえ、日本への輸出量《ゆしゅつりょう》をへらしています。いっぽうで、日本の消費量《しょうひりょう》はへっています。

モズク丼《どん》 ▶ 沖縄《おきなわ》県

豚《ぶた》ひき肉や玉ねぎ、にんじん、とうもろこしなどと炒《いた》めます。

モズクのとろみがあって、食べやすい！

シャキシャキした歯ごたえが楽しい、モズクがたっぷり。

献立《こんだて》の例《れい》

写真提供／与那国《よなぐに》町立与那国《よなぐに》小学校（沖縄《おきなわ》県）

- **モズク丼《どん》**
- とうがんすまし汁《じる》
- バンバンジーサラダ
- 牛乳《ぎゅうにゅう》

沖縄《おきなわ》県は、日本一のモズクの産地《さんち》で、オキナワモズクを養殖《ようしょく》しています。日本ではほかにもイシモズクやフトモズクなどがとれますが、天然《てんねん》ではたくさんとれません。沖縄《おきなわ》県では、汁物《しるもの》や天ぷら、たきこみごはんなどにしてモズクを食べます。給食では、野菜《やさい》や肉と炒《いた》めたモズク丼《どん》が大人気です。

ここがSDGs《エスディージーズ》！

13 気候変動に具体的な対策を

＼チェック／

SDGs《エスディージーズ》の取り組み

海藻《かいそう》の養殖《ようしょく》で二酸化炭素《にさんかたんそ》をへらす！

地球温暖化《ちきゅうおんだんか》を食い止めるには、その原因《げんいん》となる二酸化炭素《にさんかたんそ》（CO_2《シーオーツー》）をへらさなくてはなりません。海藻《かいそう》は、植物と同じく光合成《こうごうせい》をしていて、二酸化《にさんか》炭素《たんそ》を取りこみ、酸素《さんそ》を出します。海藻《かいそう》の養殖《ようしょく》が、地球温暖化《ちきゅうおんだんか》をふせぐ効果《こうか》があると期待され、国や自治体《じちたい》でもふやす取り組みをはじめています。

めずらしい食材《しょくざい》大集合①

クジラ【鯨】

クジラの竜田《たつた》あげ▶
北海道《ほっかいどう》・宮城県《みやぎ》・千葉県《ちば》・和歌山県《わかやま》・山口県《やまぐち》・長崎県《ながさき》ほか

1945（昭和《しょうわ》20）年に終わった太平洋戦争《たいへいようせんそう》後の食糧《しょくりょう》不足《ぶそく》の中、安く手に入るクジラ肉は貴重《きちょう》な栄養源《えいようげん》でした。しかし、クジラがへり、今では調査《ちょうさ》のためにとった分を食べるだけなので、値段《ねだん》が上がっています。

献立《こんだて》の例《れい》

- ごはん
- **クジラの竜田《たつた》あげ**
- ほねく（練《ね》り物《もの》）と野菜《やさい》のごま和《あ》え
- 高野《こうや》どうふのみそ汁《しる》
- 牛乳《ぎゅうにゅう》

写真提供／有田川《ありたがわ》町立藤並《ふじなみ》小学校（和歌山《わかやま》県）

ここがSDGs《エスディージーズ》!

\チェック/

SDGs《エスディージーズ》の取り組み

命をいただく重みを忘《わす》れない

クジラ漁《りょう》の歴史《れきし》が古い和歌山《わかやま》県太地町《たいじちょう》には、クジラの供養碑《くようひ》があります。地元の人々《ひとびと》のクジラへの感謝《かんしゃ》の気持ちと、死をいたむ気持ちがこめられています。

トビウオ【飛魚】

魚《ぎょ》うどん▶宮崎県《みやざき》

トビウオなどの魚のすり身に片栗粉《かたくりこ》や卵《たまご》を加《くわ》え、うどんのように細くした、宮崎《みやざき》県日南《にちなん》市の郷土料理《きょうどりょうり》です。小麦粉《こむぎこ》のうどんより時間がたってものびにくく、おいしく食べられます。

献立《こんだて》の例《れい》

- ごはん
- **魚《ぎょ》うどん**
- 煮物《にもの》
- みかん
- 牛乳《ぎゅうにゅう》

写真提供／日南《にちなん》市立大堂津《おおどうつ》小学校（宮崎《みやざき》県）

ここがSDGs《エスディージーズ》!

\チェック/

SDGs《エスディージーズ》の取り組み

食糧不足《しょくりょうぶそく》でもおいしく食べるくふう

宮崎《みやざき》県日南《にちなん》市では、太平洋戦争《たいへいようせんそう》後、小麦粉《こむぎこ》は不足《ふそく》していましたが、魚はほかの地域《ちいき》に運べず、あまっていました。その魚を利用《りよう》して、うどんの代わりに魚《ぎょ》うどんをつくり、食糧不足《しょくりょうぶそく》をのりきりました。

ウナギ【鰻】

かば焼《や》き ▶ 静岡県《しずおか》ほか

ウナギ養殖《ようしょく》の発祥《はっしょう》の地、静岡《しずおか》県浜松《はままつ》市の小学校では、７月の「土用の丑《うし》の日」にちなんで、給食にウナギが登場します。ウナギは高級食材《しょくざい》ですが、地元の養殖業《ようしょくぎょう》にたずさわる人たちの協力《きょうりょく》のもと、特別《とくべつ》に給食で味わうことができます。

献立《こんだて》の例《れい》

写真提供／浜松《はままつ》市立大平台《おおひらだい》小学校（静岡《しずおか》県）

- ごはん
- **ウナギのかば焼《や》き**
- キャベツの赤しそ和《あ》え
- すまし汁《じる》
- 冷凍《れいとう》みかん
- 牛乳《ぎゅうにゅう》

ここがSDGs《エスディージーズ》!

14 海の豊かさを守ろう

＼チェック／

SDGs《エスディージーズ》の取り組み

完全養殖《かんぜんようしょく》をめざす！

ウナギは、日本の南、マリアナ諸島周辺《しょとうしゅうへん》で生まれ、稚魚《ちぎょ》が日本近海にやってきますが、その数がへっています。人工ふ化の研究が進められていますが、まだたくさん育てられるほどではありません。今後、完全養殖《かんぜんようしょく》に向けてえさの開発などが課題《かだい》です。

ズワイガニ【楚蟹】

ゆで松葉《まつば》がに ▶ 鳥取《とっとり》県ほか

鳥取《とっとり》県では、オスのズワイガニを「松葉《まつば》がに」とよびます。松葉《まつば》がにの漁獲量《ぎょかくりょう》日本一の鳥取《とっとり》県岩美《いわみ》町《ちょう》の小学校では、６年生の給食で、卒業《そつぎょう》をひかえたお祝《いわ》いとしてふるまわれています。

献立《こんだて》の例《れい》

写真提供／岩美《いわみ》町立岩美南《いわみみなみ》小学校（鳥取《とっとり》県）

- ごはん
- **ゆで松葉《まつば》がに**
- 煮物《にもの》
- みそ汁《しる》
- 牛乳《ぎゅうにゅう》

ここがSDGs《エスディージーズ》!

14 海の豊かさを守ろう

＼チェック／

SDGs《エスディージーズ》の取り組み

「カニ牧場《ぼくじょう》」でカニの数が回復《かいふく》！

松葉《まつば》がには、若《わか》いカニをとりすぎたために、近年漁獲量《ぎょかくりょう》がへっていました。そこで鳥取《とっとり》県では、海底《かいてい》にカニ牧場《ぼくじょう》を整備《せいび》し、カニのすみかとなるブロックを設置《せっち》するなど、環境《かんきょう》を整えています。また同時に、とりすぎないように漁《りょう》の期間も制限《せいげん》しています。

めずらしい食材《しょくざい》大集合②

イセエビ 【伊勢海老】

イセエビ ▶ 徳島《とくしま》県・三重《みえ》県・千葉《ちば》県・沖縄《おきなわ》県ほか

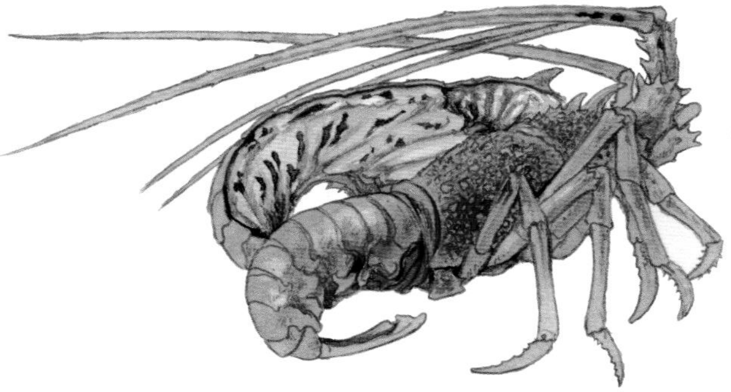

イセエビは、特別《とくべつ》なお祝《いわ》いで出されるような高級食材《しょくざい》ですが、漁《りょう》がおこなわれる徳島《とくしま》県美波町《みなみちょう》の伊座利《いざり》校（小中併設校《へいせつこう》）では給食の名物になっています。体験《たいけん》学習のひとつとして、イセエビ漁《りょう》をして、とったイセエビを給食で食べています。

献立《こんだて》の例《れい》

写真提供／伊座利《いざり》の未来《みらい》を考える推進協議会《すいしんきょうぎかい》（徳島《とくしま》県）

- ごはん
- **イセエビのみそ汁《しる》**
- あげもの
- みかん
- 牛乳《ぎゅうにゅう》

ここがSDGs《エスディージーズ》!

14 海の豊かさを守ろう

＼チェック／

SDGs《エスディージーズ》の取り組み

密猟《みつりょう》をふせいで
イセエビを守ろう

イセエビは高い値段《ねだん》で売れるため、ルールをやぶって密猟《みつりょう》する人が、あとをたちません。乱獲《らんかく》されないように地域《ちいき》ごとに漁《りょう》のルールをきびしくして、パトロールで密猟《みつりょう》の取りしまりがおこなわれています。

ホッキガイ 【北寄貝】

ホッキカレー ▶ 北海道《ほっかいどう》

ウバガイのことを、北海道《ほっかいどう》ではホッキガイといいます。すしのねたとして人気の貝ですが、産地《さんち》の北海道《ほっかいどう》ではカレーにも入れます。煮《に》こむことでやわらかくなり、貝からうまみがたっぷり出ておいしいので、厚真町《あつまちょう》や苫小牧《とまこまい》市など、道内の学校では大人気の献立《こんだて》です。

献立《こんだて》の例《れい》

写真提供／厚真町《あつまちょう》学校給食センター（北海道《ほっかいどう》）

- **ホッキカレー**
- だいこんサラダ
- トマト
- 牛乳《ぎゅうにゅう》

ここがSDGs《エスディージーズ》!

14 海の豊かさを守ろう

17 パートナーシップで目標を達成しよう

＼チェック／

SDGs《エスディージーズ》の取り組み

姉妹都市を
給食で応援《おうえん》！

東京《とうきょう》都八王子《はちおうじ》市の給食に、姉妹都市である北海《ほっかい》道苫小牧《どうとまこまい》市のホッキカレーが登場しました。新型《しんがた》コロナウイルス感染症《かんせんしょう》の流行で売り上げが落ちた苫《とま》小牧《こまい》の名産品《めいさんひん》を食べて、応援《おうえん》しました。

ホタルイカ 【蛍烏賊】

ホタルイカボンボン ▶ 富山《とやま》県

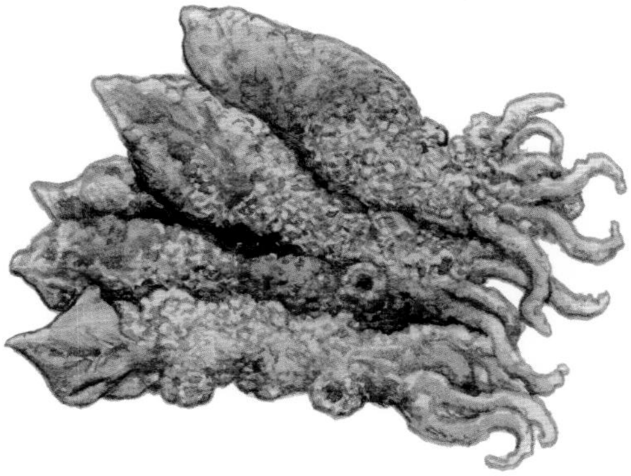

ホタルイカは、ホタルのように光るイカです。ふだんは深海にいますが、春に産卵《さんらん》のために沿岸《えんがん》にやってきます。産地《さんち》の富山《とやま》県では、カレー味のからあげにした「ホタルイカボンボン」が給食の定番です。かたいくちばしなどを取って、ていねいに調理しています。

献立《こんだて》の例《れい》

- ごはん
- **ホタルイカボンボン**
- 菜花和《なばなあ》え
- 竜宮汁《りゅうぐうじる》
- 牛乳《ぎゅうにゅう》

写真提供／滑川《なめりかわ》市立東部《とうぶ》小学校（富山《とやま》県）

ここがSDGs《エスディージーズ》!

\チェック/

SDGs《エスディージーズ》の取り組み

わらの網《あみ》で環境《かんきょう》を守る！

化学繊維《せんい》の網《あみ》が、海のプラスチックごみをふやす原因《げんいん》になっています。しかし富山《とやま》県滑川《なめりかわ》市では、伝《でん》統《とう》を守り、わらの網《あみ》でホタルイカ漁《りょう》をしています。わらの網《あみ》は切れやすいですが、海に残《のこ》っても微生物《びせいぶつ》に分解《ぶんかい》されるため、海をよごしません。

フグ 【河豚】

ふくぞうすい ▶ 山口《やまぐち》県ほか

山口《やまぐち》県では、フグのことを「ふく」とよび、2月9日の「ふくの日」にはぞうすいなどが給食に出ます。フグには毒《どく》がありますが、種類《しゅるい》によって毒《どく》のある場所がちがいます。そのため特別《とくべつ》な免許《めんきょ》がないと調理できません。給食ではもちろん、免《めん》許《きょ》を持った人が下準備《したじゅんび》をしたものを使います。

献立《こんだて》の例《れい》

- **ふくぞうすい**
- パン
- いちごジャム
- はなっこりーの卵炒《たまごいた》め
- 牛乳《ぎゅうにゅう》

写真提供／山口《やまぐち》市立大殿《おおどの》小学校（山口《やまぐち》県）

ここがSDGs《エスディージーズ》!

\チェック/

SDGs《エスディージーズ》の取り組み

地球温暖化《ちきゅうおんだんか》でふえる！雑種《ざっしゅ》フグ

地球温暖化《ちきゅうおんだんか》でフグのすむ場所が変《か》わり、べつの種類《しゅるい》が交じった雑種《ざっしゅ》がふえています。雑種フグは毒《どく》がある部分がわからないため、まちがって食べると食中毒《しょくちゅうどく》の危険《きけん》があります。雑種《ざっしゅ》フグを食べないように、注意がよびかけられています。

注目！

海の幸《さち》が危機《きき》にひんしている！

今、世界の海の幸《さち》は、危機《きき》に見まわれています。その理由は、人口増加《ぞうか》と世界的《せかいてき》な魚食ブームにあります。人口増加《ぞうか》でより多くの食べ物が必要《ひつよう》になり、それに加《くわ》えて健康《けんこう》を気づかう人がふえ、良《りょう》質《しつ》なたんぱく質《しつ》である魚に注目が集まっているのです。

世界全体の海の生き物を見てみると、2019年には、すでに3分の1以上《いじょう》がとりすぎになってしまっています。とる量《りょう》をふやしてもよいゆとりがある海の生き物は、10分の1以下《いか》です。

だからといって、海の幸《さち》をまったく食べなければよいという問題でもありません。海の幸《さち》を食べなければ、わたしたち人間の栄養《えいよう》バランスがかたより、健康的《けんこうてき》な食生活にならないからです。海の幸《さち》をじょうずに利用《りよう》していく方法《ほうほう》を考えなくてはなりません。

●世界で海の生き物が漁獲《ぎょかく》されている割合《わりあい》

海の生き物の種類《しゅるい》ごとに、資源量《しげんりょう》に対する漁獲量《ぎょかくりょう》の割合《わりあい》を表したもの。

出典《しゅってん》/FAO "THE STATE OF WORLD FISHERIES AND AQUACULTURE (2022)"
※百分率《ひゃくぶんりつ》は、四捨五入《ししゃごにゅう》により100%にならないことがある。

＼海の生き物をふやすには、どうしたらいい？／

1 幼魚《ようぎょ》はとらないなどの制限《せいげん》をして、ふえるのを待つ！

たとえば、すしで人気のクロマグロ（本マグロ）は、数が急にへった魚のひとつです。クロマグロがとれる太平洋では、大きくなっていない幼魚《ようぎょ》はとらないなどの制《せい》限《げん》をして、資源《しげん》がふえるのを待っています。しかし制限《せいげん》を守らず、違法《いほう》にとる人があとをたちません。その人たちは魚をとれば収入《しゅうにゅう》になるので、違法《いほう》にとることをやめられないのです。これはどの国でも起こっていることです。違法《いほう》な漁業《ぎょぎょう》をなくすには、かれらがべつの仕事で収入《しゅうにゅう》をえられるように手助けすることも必要《ひつよう》です。

クロマグロの群《む》れ。網《あみ》にかかった幼魚《ようぎょ》は放すなどして漁獲量《ぎょかくりょう》をきびしく制限《せいげん》しています。

鹿児島《かごしま》県でおこなわれるブリやタイの養殖《ようしょく》のようす。

2 養殖《ようしょく》してふやす！

養殖《ようしょく》でふやすことは、天然《てんねん》の資源《しげん》を守ることにつながります。たとえば絶滅《ぜつめつ》が心配されるウナギは、稚魚《ちぎょ》をとってきて大きくする養殖《ようしょく》が中心ですが、将来的《しょうらいてき》には産《さん》卵《らん》させて卵《たまご》から育てる完全養殖《かんぜんようしょく》をめざしています。クロマグロは完全養殖《かんぜんようしょく》に成功《せいこう》していて、これから出荷量《しゅっかりょう》がふえていくことが期待されています。しかし、養殖《ようしょく》するときのえさや排泄物《はいせつぶつ》が海をよごす原因《げんいん》になるなど、解《かい》決《けつ》すべき問題もあります。

3 「未利用魚《みりようぎょ》」を活用する！

日本近海には3700種以上《しゅいじょう》の魚がいますが、そのうち市場に出回るのは約《やく》300種類《しゅるい》ほどです。そのほかは「未利《みり》用魚《ようぎょ》」といわれ、まとまった数がとれない、調理方法《ほうほう》が知られていないので買われない、といった魚です。また、形が悪かったり、傷《きず》があったりすると、すてられることもあります。そんな未利用魚《みりようぎょ》を積極的《せっきょくてき》に食べることで、特定《とくてい》の魚ばかりがへるのをふせげます。実際《じっさい》に神奈川《かながわ》県横浜《よこはま》市の学校では、未利用魚《みりようぎょ》を給食に使う取り組みをおこないました。

調理しにくいなどの理由で、未利用魚《みりようぎょ》になってしまう魚がたくさんいます。

写真提供／株式会社ベンナーズ

特別《とくべつ》な日の料理《りょうり》①

こづゆ ▶ 福島県《ふくしまけん》

ホタテの貝柱、しいたけ、きくらげ、にんじん、さといも、糸こんにゃく、山菜《さんさい》などの具がたくさん！

干《ほ》し貝柱と干《ほ》ししいたけのもどし汁《じる》がよい出汁《だし》になります。

具の数は奇数《きすう》がよいとされています。

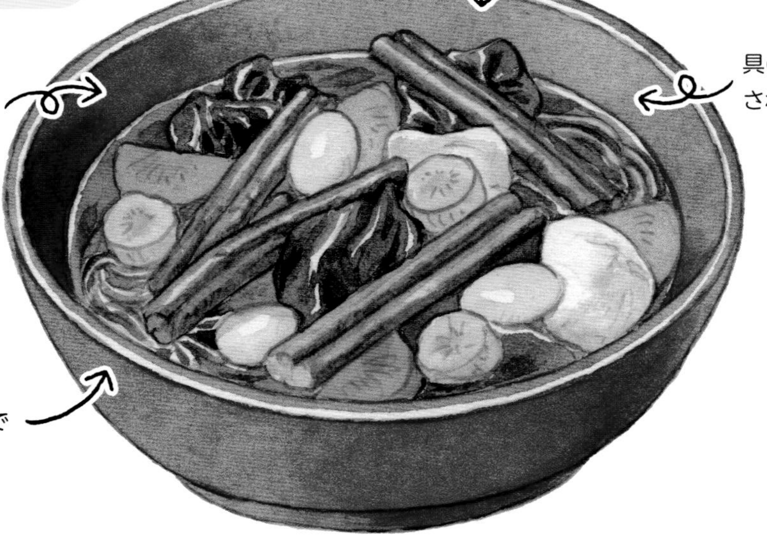

会津塗《あいづぬり》の食器《しょっき》でいただきます。

献立《こんだて》の例《れい》

- ごはん
- ホッケ
- 変《か》わりなます
- **こづゆ**
- 牛乳《ぎゅうにゅう》

写真提供／猪苗代《いなわしろ》町立翁島《おきなしま》小学校（福島《ふくしま》県）

　福島県《ふくしまけん》の会津《あいづ》地方で、100年以上《いじょう》も前から食べられている、おもてなし料理《りょうり》です。結婚式《けっこんしき》や七五三、成人式《せいじんしき》、正月などのお祝《いわ》いのほか、葬式《そうしき》などでもふるまわれます。干《ほ》したホタテの貝柱からとれる出汁《だし》がとてもおいしく栄養満点《えいようまんてん》で、昔はとてもぜいたくな料理《りょうり》でした。給食でも人気が高く、県内はもちろん、全国で親しまれています。

ここがSDGs《エスディージーズ》！

17 パートナーシップで目標を達成しよう

＼チェック／

SDGs《エスディージーズ》の取り組み

交易《こうえき》がうんだ海と山の幸《さち》の出会い

　今から300年ほど前の江戸《えど》時代の中ごろ、山にかこまれた会津《あいづ》地方では、海の幸《さち》は貴重品《きちょうひん》でした。北海道《ほっかいどう》の干《ほ》し貝柱は、北前船《きたまえぶね》という交易《こうえき》船《せん》で新潟《にいがた》にとどき、小舟《こぶね》で阿賀野川《あがのがわ》（上の写真）をさかのぼって会津《あいづ》地方に運ばれました。地域《ちいき》と地域《ちいき》の結《むす》びつきがうんだ郷土料理《きょうどりょうり》を、みんなで守っていきたいものです。

正月や結婚式《けっこんしき》など、人が集まる特別《とくべつ》な行事では、遠くに住む親戚《しんせき》が帰ってきたりします。そこでふるまわれるおもてなしの郷土料理《きょうどりょうり》は、なつかしいふるさとの味です。給食でも、郷土料理《きょうどりょうり》を出す取り組みが全国でおこなわれています。ふるさとの味を知ってもらい、たとえ地元をはなれたとしても、郷土《きょうど》を大切にする気持ちをもってほしいという願《ねが》いもこめられています。

のりふで ▶ 島根県《しまねけん》

献立《こんだて》の例《れい》

写真提供／出雲《いずも》市立平田《ひらた》学校給食センター（島根《しまね》県）

- ごはん
- アジの南蛮《なんばん》づけ
- 納豆《なっとう》サラダ
- **のりふで**
- 牛乳《ぎゅうにゅう》

島根《しまね》半島の一部でとれる品質《ひんしつ》のよいノリ、「十六島《うっぷるい》のり」を使ったお祝《いわ》い料理《りょうり》です。十六島《うっぷるい》地方では、正月や、2月の最初《さいしょ》の午《うま》の日（初午《はつうま》祭《まつり》）に食べられます。同じく地元でとれる「べべガイ（ヨメガカサ）」という貝で出汁《だし》をとります。ノリをはしで持ち上げると、筆のように見えることから「のりふで」と名づけられたといわれています。

ここがSDGs《エスディージーズ》!

\チェック/

SDGs《エスディージーズ》の取り組み

あとつぎ不足《ぶそく》になやむ「シマゴ」

写真提供／株式会社海産物松村

十六島《うっぷるい》のりの収獲《しゅうかく》は、12〜2月におこなわれます。ノリをとる人たちは「シマゴ」とよばれ、寒さの中、波をかぶりながら手でノリをつみとります。シマゴはあとつぎがいなくてこまっていますが、今働《はたら》いている人たちは、伝統《でんとう》文化を守ろうとがんばっています。

特別《とくべつ》な日の料理《りょうり》②

タラのじゃっぱ汁《じる》▶青森《あおもり》県

献立《こんだて》の例《れい》

写真提供／弘前《ひろさき》市立第三大成《だいさんたいせい》小学校（青森《あおもり》県）

- ・ごはん
- ・信田煮《しのだに》
- ・キャベツのゆず和《あ》え
- ・**タラ汁《じる》**
- ・りんごジュース

青森《あおもり》県の郷土料理《きょうどりょうり》で、タラのほか、さまざまな具を入れた汁物《しるもの》です。青森《あおもり》県では昔から、年末《ねんまつ》になると１匹《ぴき》丸ごとの大きなタラを買い、正月にじゃっぱ汁《じる》をつくってお祝《いわ》いしました。また、大《たい》漁《りょう》のお祝《いわ》いでもじゃっぱ汁《じる》をつくりました。寒い時期に栄養《えいよう》たっぷりのじゃっぱ汁《じる》を食べ、体を温めます。

ここがSDGs《エスディージーズ》!

＼チェック／

SDGs《エスディージーズ》の取り組み

すてるものもありがたくいただく！

「じゃっぱ」とは、「雑把《ざっぱ》」に由来する青森《あおもり》県津《つ》軽《がる》地方の方言で、「すてるもの」という意味です。「じゃっぱ汁《じる》」は、すててしまいがちな頭や骨《ほね》、内《ない》臓《ぞう》などのアラ（上の写真）を、残《のこ》すことなくおいしくいただく料理《りょうり》です。食材《しょくざい》を大切にする気持ちを持てば、食品ロスがへらせます。

特別《とくべつ》な日を祝《いわ》うための料理《りょうり》をつくったあとには、その残《のこ》り物《もの》をじょうずに使います。郷土料理《きょうどりょうり》には、残《のこ》り物《もの》だからといってむだにはしない、先人の知恵《ちえ》がたくさんつまっています。日本の伝統《でんとう》文化に根づいた、食べ物を大事にする心は、SDGs《エスディージーズ》の取り組みにも通じています。今こそ、見習いたいですね。

しもつかれ ▶ 栃木《とちぎ》県・茨城《いばらき》県・埼玉《さいたま》県・福島《ふくしま》県など

献立《こんだて》の例《れい》

写真提供／宇都宮《うつのみや》市教育委員会（栃木《とちぎ》県）

- 赤飯《せきはん》
- **しもつかれ**
- しゃぶしゃぶ
- 和《あ》え物《もの》
- 牛乳《ぎゅうにゅう》

しもつかれは、新年のお祝《いわ》いのために買ったサケの頭と節分《せつぶん》の大豆を、だいこんやにんじん、酒かすといっしょに煮《に》こんだ料理《りょうり》です。稲荷《いなり》神社の祭りである初午《はつうま》（2月の最初《さいしょ》の午《うま》の日）につくるほか、ふだんも食べていて、給食にも登場します。冷蔵庫《れいぞうこ》がなく、真冬に新鮮《しんせん》な食材《しょくざい》があまり手に入らなかった時代に、残《のこ》り物《もの》をじょうずに使って栄養《えいよう》をとっていました。

ここがSDGs《エスディージーズ》！

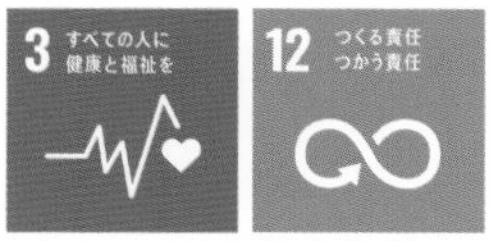

＼チェック／

SDGs《エスディージーズ》の取り組み

食材《しょくざい》を大事にしながら健康《けんこう》に

写真提供／上澤梅太郎商店

しもつかれをつくる地域《ちいき》の人々《ひとびと》は、健康《けんこう》でくらせることを願《ねが》って、初午祭《はつうままつり》のときに稲荷《いなり》神社にそなえます（上の写真）。7軒《けん》の家のしもつかれを食べると、病気にならないと言《い》い伝《つた》えられています。食材《しょくざい》を大事に使いながら栄養《えいよう》をとって健康《けんこう》になれる、知恵《ちえ》のつまった料理《りょうり》です。

注目！

海の幸《さち》をもっと食べよう！

2020（令和《れいわ》2）年度には、日本人は１年間にひとりあたり約《やく》23kgの魚介類《ぎょかいるい》を食べていますが、肉類《にくるい》は約《やく》34kgと、魚介類《ぎょかいるい》の消費《しょうひ》量《りょう》をこえています。肉だけ、魚だけとかたよらず、バランスよく食べることが大事です。

●ひとり1年あたりの消費量《しょうひりょう》

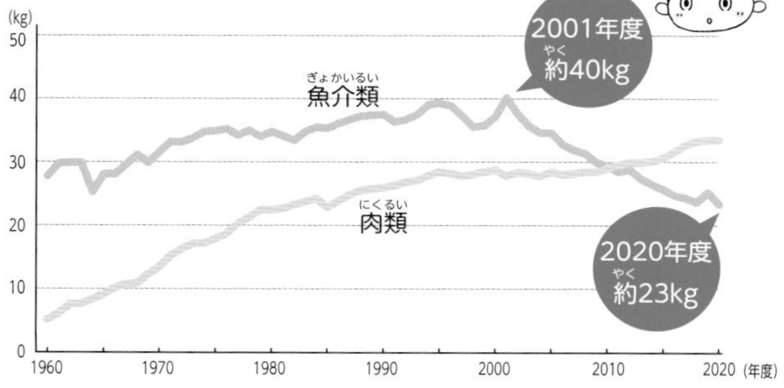

出典／農林水産省「食料需給表」

魚ばなれの原因《げんいん》は？

1

食べるのがめんどう

切り身のマグロやサーモン（サケ）などは人気ですが、骨《ほね》つきの魚は食べるのがめんどうだと感じる人もいます。そのような魚はとくに、食べる回数がへってしまいます。

2

調理がめんどう

共働《ともばたら》きの家庭がふえ、調理にかけられる時間がへっています。魚をさばくのには時間がかかり、生ごみが出るのでめんどうに感じて、食べなくなってしまいます。

3

値段《ねだん》が高い

世界的《せかいてき》な魚ブームや、海の生き物がへったこと、それに世界で起きている戦争《せんそう》などが原因《げんいん》で、魚の値段《ねだん》が上がっています。高くなりすぎると買わなくなってしまいます。

考えよう！ 調べよう！ 魚を食べるくふう

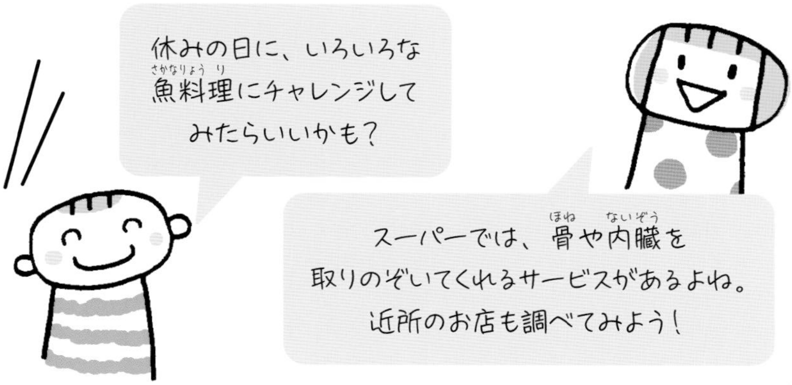

魚《さかな》ばなれが起《お》こす未来《みらい》

水産業《すいさんぎょう》がおとろえる

日本では、漁師《りょうし》の数がへっています。それに魚ばなれがおいうちをかけ、日本の水産業《すいさんぎょう》はおとろえてきています。国産《こくさん》の魚を食べて、応援《おうえん》したいですね。

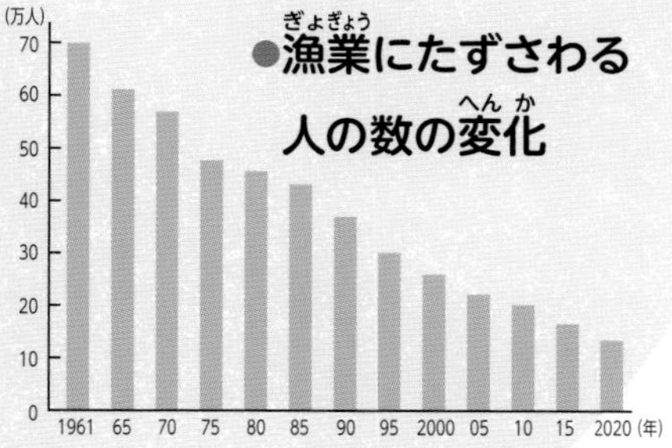

●漁業《ぎょぎょう》にたずさわる人の数の変化《へんか》

出典／農林水産省「漁業就業動向調査」「漁業構造動態調査」

健康《けんこう》でいられなくなる

魚の栄養《えいよう》には、脳《のう》や神経《しんけい》を発達《はったつ》させ、アレルギーをおさえる働《はたら》きをするものや、血管《けっかん》をつまりにくくするものがあります。これらは肉からは十分にとれないので、魚を食べることが健康《けんこう》につながります。

日本らしさがなくなる

魚を使った郷土料理《きょうどりょうり》が消えてしまえば、その料理《りょうり》を取りまく文化や町の歴史《れきし》も消えてしまいます。日本らしい伝統《でんとう》を守るために、いろいろな魚料理《さかなりょうり》を食べましょう。

魚ばなれを食い止めるために

みんなで食べよう！
「さかなの日」

日本人の魚ばなれを食い止めるため、2022（令和《れいわ》4）年に水産庁《すいさんちょう》が「さかなの日」を制定《せいてい》しました。毎月3～7日を「さかなの日」として、国と企業《きぎょう》が協力《きょうりょく》して、みんなが魚を食べるようにさまざまな取り組みをおこなっています。

くわしい取り組みは、「さかなの日」HPで調べられます。
https://sakananohi.jp/

みんなにもできる！海の幸《さち》のSDGs《エスディージーズ》

日本の海の幸《さち》の未来《みらい》、海の幸《さち》の給食を守るために、みんなにもできることがきっとあるはずです。
海の幸《さち》を守るために、できることをさがしてみましょう！

給食に出てきたら、
きれいに食べよう。
家でも練習してみてね！

焼《や》き魚《ざかな》をきれいに食べてみよう！

1 中骨《なかぼね》にそって、上側《うわがわ》の身にはしで切れこみを入れる。

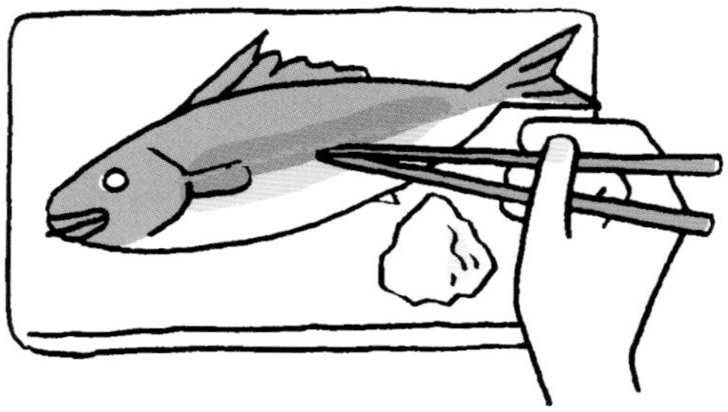

2 上側《うわがわ》の身の、背《せ》のほうを、頭から尾《お》に向かって食べ進める。腹《はら》のほうも同様に食べる。

3 頭を手でおさえながら骨《ほね》を外し、皿の奥《おく》側《がわ》に置《お》く。

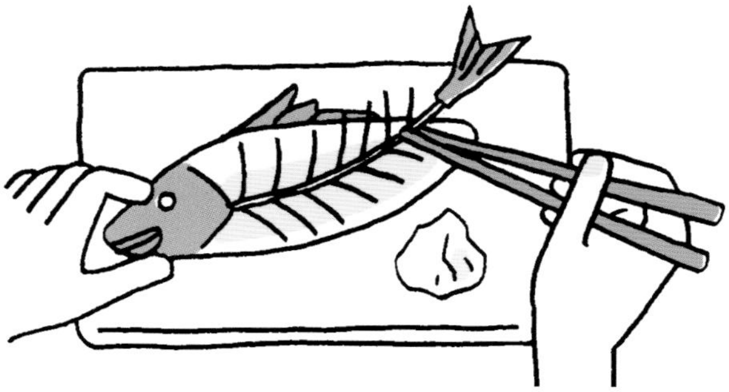

4 下側《したがわ》の身を、頭から尾《お》に向かって食べ進む。腹《はら》わたも食べられたら食べてみよう！

12 つくる責任 つかう責任
14 海の豊かさを守ろう

ここがSDGs《エスディージーズ》！

海の幸《さち》を守るなら、なによりも命を大事にいただくことが大切ですね。みんなも、10ページの学校の取り組みのように、きれいに食べてみましょう。上の食べ方のようにすると、頭と骨《ほね》だけが残《のこ》るので、食品ロスをへらせます！

地元の郷土料理《きょうどりょうり》を調べてみよう！

ここがSDGs《エスディージーズ》!

11 住み続けられるまちづくりを
14 海の豊かさを守ろう

近くの漁港《ぎょこう》でとれる魚の種類《しゅるい》やとれる場所、旬《しゅん》を調べてみましょう。また、地元の郷土料理《きょうどりょうり》の材料《ざいりょう》や歴史《れきし》を調べてみると、今のくらしに役立つSDGs《エスディージーズ》を発見することができるでしょう。また、実際《じっさい》につくって味わってみれば、食品ロスをへらすなどのSDGs《エスディージーズ》のアクションにもなります。

食材《しょくざい》をむだにしない方法《ほうほう》も知ることができるね！

ここがSDGs《エスディージーズ》!

4 質の高い教育をみんなに
11 住み続けられるまちづくりを
14 海の豊かさを守ろう

漁港《ぎょこう》で働《はたら》く漁師《りょうし》さんや魚市場の人、町の魚屋さんなどに話を聞いてみましょう。実際《じっさい》に働《はたら》いている人の話を聞くことによって、たくさんの学びがあります。海の幸《さち》にかかわる人の仕事や思いを知ることも、SDGs《エスディージーズ》のひとつです。

漁業《ぎょぎょう》にたずさわる人の話を聞いてみよう！

地球温暖化《ちきゅうおんだんか》で魚がへっていることを、漁師《りょうし》さんたちはどう思っているんだろう？

全国の海の幸《さち》の給食には、
たくさんのSDGs《エスディージーズ》がかくれていたね。
みんなも、気づかないうちに
SDGs《エスディージーズ》の取り組みをしているかもしれないよ。
どんなことができるか、
みんなで話し合ってみてね！

2巻《かん》　さくいん

【あ行】

アサリ……4,22,23
アジ……4,8,10,11
新巻《あらまき》ザケ……19
イセエビ……5,28
十六島《うっぷるい》のり……33
ウナギ……5,8,27,31
ウバガイ……4,28
栄養《えいよう》バランス……30
SDGs《エスディージーズ》……6,7,9,10,11,12,13,14,15,16,17,18,19,22,23,24,25,26,27,28,29,32,33,34,35,38,39

【か行】

海藻《かいそう》……5,24,25
貝柱……32
カキ……5,22,23
カジキ……15,20
かす汁《じる》……19
カツオ……4,5,20
かば焼《や》き……8,27
カラスガレイ……4
カンパチ……4
キハダ……4,14,15
郷《きょう》土《ど》料《りょう》理《り》……8,12,17,18,23,26,32,33,34,35,37,39
魚《ぎょ》うどん……26
漁獲量《ぎょかくりょう》……2,11,13,15,17,18,19,21,23,27,30,31
漁業《ぎょぎょう》……5,20,21,31,37,39
キンメダイ……5
クジラ……26
クルマエビ……4
クロマグロ……5,14,15,31
こづゆ……32
コンブ……18

【さ行】

サーモン……36
サケ……5,8,18,19,35,36
酒かす……19,35
サバ……5,8,12,16,17
サメ……20
サワラ……5
さんが焼《や》き……13
三平汁《さんぺいじる》……18
サンマ……5,12,13,20
塩《しお》ザケ……35
塩《しお》ダラ……18
塩《しお》漬《づ》け……18,19
塩《しお》焼《や》き……8,10,16
シマゴ……33
しめサバ……16
しもつかれ……35
じゃこ天……12
じゃっぱ汁《じる》……34
旬《しゅん》……5,22,39
食品ロス……10,11,34,38,39
素《す》あげ……11
すし……19,28,31
スズキ……4
すり身……12,26
スルメイカ……4
ズワイガニ……5,27
生産量《せいさんりょう》……2,11,21,25
ぞうすい……29

【た行】

タイ……4,5,31
出《だ》汁《し》……18,19,23,32,33
タチウオ……5
竜《たつ》田《た》あげ……10,26
タラ……5,34
タラ汁《じる》……34
たんぱく質《しつ》……8,19,22,30
稚《ち》魚《ぎょ》……14,18,27,31
地《ち》産《さん》地《ち》消《しょう》……8
ツナ……14
つみれ……12
トビウオ……4,26

【な行】

なめろう……13
ニシン……4,19
ねこめし……17,37
練《ね》り物《もの》……12
ノリ……4,33
のりふで……33

【は行】

パイタ焼《や》き……13
ヒカド……14
ヒジキ……17
ヒラメ……5
ビンナガ……14
深川《ふかがわ》めし……22
フグ……5,29
ブリ……5,8,14,31
べべガイ……33
ホタテ……32
ホタルイカ……4,29
ホッキガイ……4,28

【ま行】

マガレイ……5
マグロ……14,15,20,21,36
松《まつ》葉《ば》がに……27
ミナミマグロ……14
未《み》利《り》用魚《ようぎょ》……31
メカジキ……5,20,21
メバル……4
モズク……4,24,25

【や行】

焼《や》き魚《ざかな》……10,38
幼魚《ようぎょ》……31
養殖《ようしょく》……14,15,23,25,27,31

【わ行】

ワカメ……4,8,24,25

監修 **中西《なかにし》 明美《あけみ》**

女子栄養大学 栄養学部 准教授

栄養士、管理栄養士、栄養教諭。広島女子大学卒業後、広島市内の小学校で学校栄養職員として勤務。その後、女子栄養大学大学院博士課程を終了し、2012年より現職。小中学校での食育や、自治体での学校給食メニューの開発などにも取り組む。共著として、『女子栄養大学のバランスのよい食事法』（女子栄養大学出版部）などがある。

監　　修	中西明美
装丁・本文デザイン	フレーズ（岩瀬恭子、田中 麦）
イラスト	もり谷ゆみ、角 愼作
企画・編集	頼本順子、渡部のり子（小峰書店）
編集協力	WILL（戸辺千裕）、鈴木紗耶香
D　T　P	WILL（小林真美）
校　　正	村井みちよ
写真協力	〈表紙の給食〉全国学校給食甲子園事務局〈江津市立桜江学校給食センター（島根県）〉 全国の小学校・自治体・企業・団体等（写真そばに記載）、photolibrary、PIXTA、Shutterstock.com
参考資料	『食育基本法・食育推進基本計画等』『海面漁業生産統計調査』『農林水産物輸出入情報』『aff（2017年9月号ほか）』 「うちの郷土料理」HP（農林水産省）、『旬の魚カレンダー』上田勝彦監修（宝島社）、 「旬のカレンダー」HP（味の素パーク）ほか

たのしい給食！ いちばん身近なSDGs

② 海の幸の給食

2023年4月6日　第1刷発行

発 行 者　小峰広一郎
発 行 所　株式会社 小峰書店
〒162-0066　東京都新宿区市谷台町4-15
TEL　03-3357-3521
FAX　03-3357-1027
https://www.komineshoten.co.jp/
印刷・製本　図書印刷株式会社

ISBN978-4-338-35802-6　NDC 374　40P 29 × 23cm

オリジナル給食を考えよう！

住んでいる地域《ちいき》でつくられる食材《しょくざい》を調べたり、給食で解決《かいけつ》できそうなSDGs《エスディージーズ》の問題を調べたりして、オリジナル給食を考えてみましょう。
右のシートをコピーして、使ってください。

記入例《れい》

オリジナル給食シート

4 年　1 組　　名前　内田健太

タイトル
海にありがとう給食

みんなの目にとまるようなタイトルを考えてみよう！

おすすめポイント
1品にひとつ、海の幸を使った給食です。

なにに注目してつくった献立《こんだて》なのか、わかるといいね！

どんな給食？（イラストや献立《こんだて》名など）

イカときりぼしだいこんの和え物
スルメイカを使います。

寒天ゼリー
ゼラチンの代わりに寒天でつくります。ブルーハワイ味で、魚型にしたスイカをのせます。

ヒジキごはん
コンブだしでヒジキをたきこんだごはん。

ワカメスープ
カツオだしでワカメとオクラを入れたスープ。ウツボだんごを入れてもいい。

ウツボからあげ
未利用魚のひとつ、ウツボを使います。ウツボは漁港近くの魚屋さんで買います。

どんな料理《りょうり》なのか、説明《せつめい》があると、わかりやすいよ！

献立《こんだて》をつくってみた感想
ウツボは、スーパーでは見かけませんが、昔から食べられてきた魚だそうです。しっぽのほうは骨が多いそうなので、すり身にしてだんごにしてスープに入れたらおいしそうです。もっと魚をたくさん食べたいです。

どんなことを思ったか、これからどんなことをしてみたいかを書いてね。